Self-Portrait Method (SPM)

自分描画法マニュアル

臨床心理アセスメントと思いの理論

小山充道 著

KOYAMA MITSUTO

遠見書房

序　文

　自分描画法は心理療法のひとつとして開発され，「思いの理論」（小山；2002）を背景にしています。自分描画法で思いを表現する道具は，クレヨン，色鉛筆，鉛筆，ボールペンほか何を使ってもかまいませんが，その目的は「描画をとおして思いを浮かび上がらせる」ことにあります。絵を上手に描きあげることは自分描画法の目的ではないので，自分描画法は描画技術法ではありません。自分描画法では，「自分の心の中に潜む真の思いをつかみとれば，人は安心感を覚えるはず」という心の仮説が横たわっています。臨床心理士として筆者が対面した多くの方々は，面接場面でそれぞれの「思い」を語ってくれます。人間には同じ思いは一つもない，というのが私の率直な実感です。あるときはその「思い」に傷つく，反対にあるときはその「思い」に癒される……。思いの内容が人を困らせるのではない，「その思いを受けとめられない……という思い」が人を苦しめるのだ，そう言いたい気持ちになります。

　本書では「思い」に傷つく過程と，「思い」の修復または未来に向けての「思い」の獲得の様相を取り上げ，自分自身を高めるはずの「思い」の獲得をめざす道を提示します。「傷つく」という言葉ですが，思いの心理療法は，傷つくのを無いものとしたり，避けたり，消したりすることを意図しているわけではありません。人の心は傷つきやすいけれど，心がそれだけ柔らかいものであるからこそ，人の優しさに気づけるのだという点を重視します。本書では普段意識することがあまりない「思い」に焦点をあて，「思い」の構造，思いの振る舞い，そして思いの変容について図表をもとに明らかにしていきます。

　ところで1890年に『心理学原理』を出版したウイリアム・ジェームズ（James, W.）は，重要なことを指摘しました。思いに関わる部分を次に記します。

　①思考はパーソナリティ形成に貢献する（Thought tends to personal form.）。
　②思考は個人的意識の一部分である（Every thought is part of a personal consciousness.）。

③思考は耐えず変化している（Thought is in constant change.）。
④その変化とは，思考の流れ（the stream of thought），意識の流れ（the stream of consciousness），主観的生活の流れ（the stream of subjective life）と呼ばれ，喩えると川（river）や流れ（stream）のイメージに置き換えることができる。

ジェームズは翌年の1891年，わかりにくかった前掲書を整理し直し，『心理学教科書』を出版。本書で意識の性質を次の4点に集約しました。

①人格的意識の一部分が，今の心理的状態を構成している（心理的状態の構成）。
②人格的意識の中において，心理的状態は常に変化している（変化性）。
③人格的意識は連続していると感じられる（連続性）。
④人格的意識はある対象のある部分に関心をもち，他の部分は意識から除外しようとする選択性をもつ（選択性）。

ジェームズの見解によれば，「思い」はある人格の中で選択された意識の中にあって，常に変化し，また連続性が認められる。その思いは24時間，刻々と変化しています。それは意識の流れにある，ある思いを抱いた船の航行のようです。凪あれば時化のときもあります。船は風の影響で揺れたりします。自分は意識という流れの中にあり，日々凪や時化の影響を受けて一日を過ごしている。「船は頑丈か……」が気になるところです。

　思いというものは，最も身近にありながら最も気づかれにくい心理的様相です。その思いを意識化させる必要があるときは，他者（セラピストら）の心理的援助のありようが鍵となります。「あなたは今何を考えていますか？」，「今何を感じていますか？」といった他者からの問いかけは，思いに気づくきっかけとなることもあります。他者が介在しない状況でも，日記や手紙を書く，メールを送信する行為などは，自分自身の思いに気づくきっかけを与えてくれたりします。つまり思いに気づくためには，イメージを動かす，思考や言語を活性化させる，感情をわき立たせるなど，何らかの心理的動きが必要となります。

　思いの理論からみれば，心理的に健康な人とは，「自分の思いにとらわれずに，無心に一日を過ごすことができる人」と言えるでしょう。一方，心理的に不健康な人とは，「思いを構成する4つの要素（自分，気づき，背景，隠れている何か）のいずれかに停滞が認められ，先に進めない状態にある人」と定義できるでしょ

う。思いの変容にあたっては，停滞している要素の治療的な心の更新が必要となります。たとえば，「気にすると気になってしまう気づき過ぎる人」の場合は，その気づきの対象について，思いの更新をセラピィとして行います。思いの更新は，通常は思いの4つのプロセス，つまり「苦しむ→ふれる→つかむ→収める」過程に沿って展開します。心理的に健康な人は，この4つの過程を意識することなく通り過ぎる。逆に心理的に不健康な人は，4つの要素の展開順序が乱れている，いずれかの過程で停滞している，どこかの過程を飛ばして次に行こうとしているなど，行き方として適切でない行動が認められます。最終的には「今の私はどうあるのか？」について考え，今後の生き方を見つけていきます。

　思いの心理療法は，個々の思いを深めながら，同時に全体を眺め把捉するという全体論的アプローチの観点に立っています。私の研究者としての始まりは，神経学者ゴールドシュタイン（Goldstein, K.; 1957）の『生体の機能』（みすず書房）に遡ります。彼は脳損傷者の破局反応について全体論的アプローチで迫りました。その流れの中に，カウンセリングを開発したロジャーズ（Rogers, C. R.; 1942）がいました。両者に共通する言葉は「自己実現」です。自己実現という言葉は私にとってあまりにも崇高な概念であり，届きそうにもありません。ただ日々わき起こる思いを感じ，それは何かとふれ，それをつかみ，そしてその思いを私の中で収める……その積み重ねです。買い物でスーパーへ行き，真っ赤でおいしそうなリンゴを見つけると，リンゴ好きの私はついふれたくなります。手を出すと妻に叱られます。「売り物にはやたらにさわってはいけません」と。"ふれる"にも注意が必要です。

　本書は自分描画法に関する評価法がテーマとなっています。セラピストが自分描画法を実施した後の手順を示しました。なお自分描画法の実施方法については前著『自分描画法の基礎と臨床』（遠見書房）を参照して下さい。本書の特徴ですが，自分描画法の評価に必要な事項について，どこから読んでも，どんなふうに読んでいただいてもかまいません。必要なときに必要な事柄について必要なだけ参照していただければ幸いです。

　2021年春　雪解けがすすみ春を待つ北海道にて……

小山　充道

目　　次

第6章

自分描画法Q＆A ················· 141

自分描画法マニュアル

自分描画法の周辺

自分描画法の全体図

　最初に自分描画法の全体図を図 1-1 に示す。キーワードは「落書き」「思いの理論」「思いの心理療法」「対話療法」「自分描画法（Self-Portrait Method；SPM）」の 5 つである。落書きの主たる構成要素は「気になるもの」であり，「背景（感情）」は色彩を用いるなどして次に描かれやすい。「自分」と「隠れているもの」は思いが深まらないと描かれにくい。落書きは「自分」「気になるもの」「背景」そして「隠れているもの」の 4 つの構成要素のいずれかで占められていることから，落書きは 4 つの構成要素の断片で構成されているのがわかる。では落書きはどのような思いで描かれるのか……。

　次に思いの深さに関する理論が必要となる。思いの理論では最初に「自分」を据え，次に今の自分に絡むものの分析を行う。つまり「気になるもの」「背景」「隠れているもの」に関する分析である。しかしセラピストが思いを分析しても，クライエントの心が癒されるわけではない。クライエントの心に届かなければ心理的効果は薄い。そこで専門的な対話を用いた関わりが必要となる。この専門的な対話を用いた関わりを「対話療法」と呼んでいる。自分描画法はこれらすべての関わりを包摂し駆使した心理療法である。付録の記録用紙に必要事項を記載すると，セラピストである自分はクライエントの何を見ているのかがわかる。

必要 3 条件による心理的反応

　小山（2002）によると，心理的に健康なときは，「必要な時に」「必要なことを」「必要なだけ」，自分自身が実行できる。心理的不調を感じるときとは，このいずれかの条件が機能不全を起こしているときである。3 条件の組み合わせから，表 1-1 に示した 8 つの心理的反応が指摘できる。

　思いの心理療法を実施中は，つねに上記の必要 3 条件を意識しながら面接を深

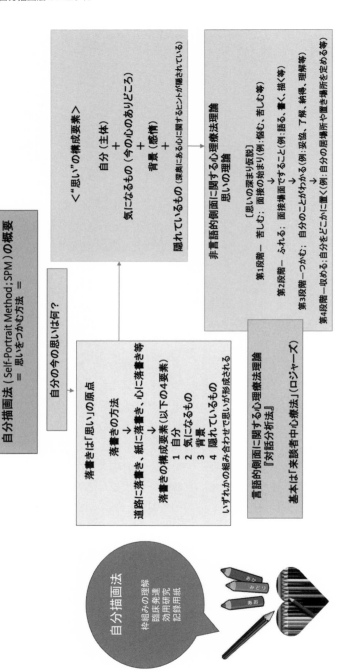

自分描画法（Self-Portrait Method；SPM）の概要 ＝ 思いをつかむ方法 ＝

自分の今の思いは何？

落書きは「思い」の原点

落書きの方法
↓
道路に落書き、紙に落書き、心に落書き等
↓
落書きの構成要素（以下の4要素）
1 自分
2 気になるもの
3 背景
4 隠れているもの
いずれかの組み合わせで思いが形成される

言語的側面に関する心理療法理論
『対話分析法』
基本は「来談者中心療法」（ロジャーズ）

＜"思い"の構成要素＞

自分（主体）
＋
気になるもの（今の心のありどころ）
＋
背景
＋
感情（感情）
＋
隠れているもの（深奥に心にあるから心に関するヒントが隠されている）

非言語的側面に関する心理療法理論
思いの理論

［思いの深まり仮説］
第1段階―一苦しむ：面接の始まり（例：悩む；苦しむ等）
↓
第2段階―ふれる：面接場面ですること（例：語る；書く；描く等）
↓
第3段階―一つかむ：自分のことがわかる（例：妥協、了解、納得、理解等）
↓
第4段階―収める：自分をどこかに置く（例：自分の居場所や置き場所を定める等）

自分描画法
枠組みの理解
臨床発達
効用研究
記録用紙

図 1-1　自分描画法の全体図

表 1-1　必要 3 条件と 8 つの心理的反応

必要 3 条件	必要なときに（時間）	必要なことを（内容）	必要なだけ（量と質）
心理的能力 （現有の心理的諸能力）	タイミングを図る力（時間把握能力）それは今必要なのか，そのタイミングがわかる	見分ける目（判別力）それは今必要なのかを見分ける力	必要量と質を見立てる力（それにかける心身の労力についての見立て）
心理的反応 1： 心理的健康（心理的安定感があり心理的能力を活性化させる心理的機能が働く）	○そのタイミングがわかる	○何が必要なのか見分けられる	○どれだけやればよいのか，そしてどのようにやればよいのかがわかる
心理的反応 2： 過剰適応型	○そのタイミングがわかる	○何が必要なのか見分けられる	×どれだけやればよいのか，またはどのようにやればよいのかがわからない
心理的反応 3： 不安型	○そのタイミングがわかる	×何が必要なのかが見分けられない	○どれだけやればよいのか，そしてどのようにやればよいのかがわかる
心理的反応 4： 時間固執型	○そのタイミングがわかる	×何が必要なのかが見分けられない	×どれだけやればよいのか，またはどのようにやればよいのかがわからない
心理的反応 5： 時間無視型	×そのタイミングがわからない	○何が必要なのか見分けられる	○どれだけやればよいのか，そしてどのようにやればよいのかがわかる
心理的反応 6： 退却型	×そのタイミングがわからない	○何が必要なのか見分けられる	×どれだけやればよいのか，またはどのようにやればよいのかがわからない
心理的反応 7： 混乱型	×そのタイミングがわからない	×何が必要なのかが見分けられない	○どれだけやればよいのか，そしてどのようにやればよいのかがわかる
心理的反応 8： 心理的機能不全（心理的機能が働かない状態）。相手の心を読み取ることが難しいため，うまくコミュニケーションができない。	×そのタイミングがわからない	×何が必要なのかが見分けられない	×どれだけやればよいのか，またはどのようにやればよいのかがわからない

めていく。

5つの"事実"

　エビデンス（evidence）という言葉が巷に溢れている。これは科学的根拠と訳される。コロナ感染で全世界の人々の命が危うくなり，日本も混乱の渦に巻き込まれている。2021年1月現在，人々は治療効果が研究によって確かめられている病気予防のためのワクチンや，罹患した場合の治療薬などを求めている。十分な医学的検証を施さないまま世に出回るワクチンがあるとすれば，接種に及び腰になる人もいるかもしれない。身体の疾病について，科学的証拠が認められた治療方法を人々が求めるのはごく自然な話である。医療現場ではDNA鑑定，情報世界ではIPアドレスなどが動かぬ証拠とされるが，それは人の手でデータを歪めることができない性質をもつという思い込みが前提にある。この前提が揺らぐと，証拠としての価値が減じる。では心の病気や悩みなど，心の問題についてはどのようにとらえればよいのか……。

　思いの理論では，エビデンスを「事実（fact）」ととらえ展開する。さまざまな事実を積み上げ，科学的根拠に近づけていく。心の病が深くなると，人はその病状に引き付けられ，その人を恐れたり拒否したりすることがある。得られた証拠に没入すると，他の証拠探しは不要になったと思い込んだり，他の証拠があるのに見えなくなったりする。犯罪領域では，真実に近づくために証拠を積み上げるということを行うが，その真実には計りしれないものがある。無罪か有罪かを判定する裁判は実に難しい。しかし心理臨床実践は裁判ではなく，善悪を決めるものでも予言的に心を見通すものでもない。セラピストは心理的アセスメント（評価）を行うが，来談者の生き方の判定者ではなく，あくまでも来談者がよりよく生きるための心理的支援者としてある。

　思いの理論を用いた心理療法では事実としてありのままの心の姿（現れ）を取り上げるが，心の姿の心理臨床的な意味について，セラピストが力動的に解釈することは急がない。解釈はセラピストのサポートを得て，主に来談者によってなされる。セラピストは来談者が行う自分自身に対する心理的解釈を，心理臨床家としてサポートする。来談者自身が行った解釈についてセラピストが来談者に尋ねたいときは，「あなたは，〜についてどのように思われますか？」とか，「私にはこのように思えるのですが，あなたご自身の感じ（実感）はいかがでしょうか……」などと，対人的認識に基づく対話を行う。思いの理論に基づく心理療法で

表 1-2　5 つの " 事実 " のありよう

1．実在的・身体的事実（来談者に関する動かぬ事実） 例：身体変調の実感（頭痛がする，お腹が痛い，眠れない等，来談者が実感したこと），通院回数やボランティア回数（来談者がカウントする）。 事例 1：舞台に立つと心臓がドキドキする ①演奏会のとき舞台に上がると緊張して心臓がドキドキする。息が充分吸えなくなって口が渇く（身体的事実） ②自分の演奏を人に聴かれるのは怖い。でも聴いて欲しいと思う（思い各種） ③焦ってしまう……（感情） ④演奏会が怖い……（集約された思い） 事例 2：足を骨折した ①部活中に怪我をした（身体的事実）。 ②練習ができない。でも練習がしたいと思う（思い各種） ③焦ってしまう……（感情） ④練習がしたいがこれでは練習ができない……（集約された思い）
2．心理的事実（来談者が自発的に話した内容＝逐語録） 例：「不安だ……」，「絵が描けない……」，「勉強は苦手です」，「仕事に行きたくない……」，「やる気が起きない」，「未来が見えない……」などの表出言語。 事例 1：いじめられている ①僕はクラスでいじめにあっている（心理的事実） ②どうして僕だけがいじめられるのか……？（感じ方＝被害感） ③つらい，苦しい，死にたいと思う（感情） ④いじめにあって苦しい……（思いの表現） 事例 2：人と話をするのが苦手 ①人に何か話そうとしたら，自分でも思いもよらない言葉がつい出てしまう（心理的事実） ②私って口下手だけど，友達と話すのは好き。でも友達と話していても顔が赤くなってしまうので，" 話すこと " は私にとって難しいことなんだと思う（心理的事実×身体的事実） ③不安で落ち着かない……（感情） ④なぜ人と話すと私は顔が赤くなるんだろう……？（集約された思い）
3．独語的事実（来談者が何かに気づき，独り言のように話した内容） 例：絵を描きながら，「なんでこんな絵を描いたんだろう……。自分ではさっぱりわからない」と不思議がる（論理的でない自分に驚いている）
4．応答的事実（セラピストが気づいたことを来談者に尋ねた結果得られた内容） 例：セラピストの「（絵を見て）この人，涙を流しているように見えるんだけれど……」との声掛けに，来談者は「泣いているんじゃないよ。歓喜だよ」と答えた（より状況にあった感情の明瞭化）
5．社会的事実（第三者が来談者に与えた諸事象） 例：「私は大学 3 年生（所属）」，「私の仕事は臨床心理士（職種）」，「私のニックネームはお地蔵さん（呼称）」，「私は余命 3 年との診断を受けた（診断）」，「私は PCR 検査を受けた結果陰性だった（診断結果）」，「中学校での成績評価はオール 5 だった（成績評価点）」

は,「病状よりも,何がその病状を押し上げたのか」という点に着目する。対話は
この視点を深め,より真なる心の探索を行うためになされる。

　5つの"事実"の詳細を,表 1-2 に示した。この5つの事実は,自分自身の経
験の中に,無意識のうちに存在していると考えられる。5つの事実の中で自分自身
に最も影響を与えるのは「心理的事実」だろう。なぜなら,「心理的事実」は「思
い」と最もよく絡むからだ。この「心理的事実」は,多くの場合感情によって取り
囲まれる。ゆえに感情の影響を受けやすい。来談者が思いをセラピストに伝える
とき感情が後になりがちなのは,感情を伝えるには相手に伝えようとする意思が
別に必要とされるからだ。表 1-2 の中で,「実在的・身体的事実」の「実在的」と
は,昨日東京に行った,Ａ社に就職した,リンゴを5個買った,手紙をＡさん宛
に出したなど,感情を含まず,かつ誰にも動かせない客観的事実を意味している。

主観と客観

　思いの心理療法は,フッサール(Husser, E. G. A.;1925-1928,1958)の現
象学およびカール・ロジャーズの現象学的－実存主義的立場(1969)の影響を受
けている。元数学者だったフッサールは実証主義にもとづく作用心理学を生み出
したブレンターノから心理学を学び,「現象学的還元」という認識手法を編み出
し哲学者となった。心理臨床の世界でも理系から心理臨床へ転換した人は,日本
の心理臨床の創設にあたった河合隼雄氏を始め少なくはない。現象学的還元とは,
より正確に心を把握するためのひとつの方法である。心理主義とは論理的なもの
の起源を心理的な経験から説明しようとする立場をいう。たとえば暗闇の中に浮
かぶ黒い物体があったとする。「あれは人間だ(主観)」と私が思うときに,確か
に黒い物体は目の前に在ったとする。私によって認識された黒い物体は客体と呼
ばれる。しかしそれが人間なのかどうかは,直接物体に触れないとわからない。
問題は「どのようにして認識は,認識された客観と自身の認識との一致を確かめ
うるのか」という点にある。フッサールは複数の主観が交錯することによって客
観的なものが明らかになる現象を「間主観性」と呼んだ。一人だけの主観では共
通理解を得られず頼りないが,多数が同様の主観をもてば,それは客観的視座を
もつようになるという主張である。フッサールは次のように指摘する。主観は人
間が意識の中で,あらかじめ保持している先入観に新たな見聞内容,推測,知識
獲得等の素材を追加し再構成されたものであるが,それはどこまでいっても主観
の枠から外れない。そこで自分がもっている現象(世界観,人間観,価値観等)

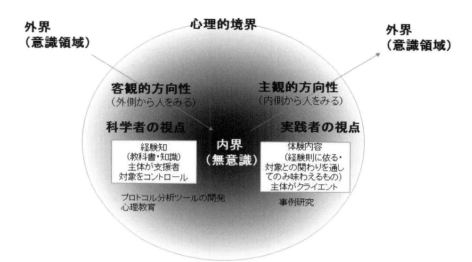

図1-2　主観と客観図式（注：心理的覚醒は，内界・外界によらず，こころのすべての領域において生じる）

を，意識的に素材の形に還元（分解）する試みが必要となる。判断停止（エポケー）はすでに古代ギリシャ認識論にあり，現象学的還元はエポケーの次の段階とされる。これは心理臨床家が「まずは判断を留保し，ありのままの相談者の声を聴いてみよう」という心理的構えと似ている。主観−客観図式は近代社会を支える原理となっている。哲学者デカルトは『方法序説』（1637）の中で，「我思う，故に我あり」と述べた。「我思う（自己意識）」をラテン語でコギト（cogito）というが，コギトを主観，コギトが検証する対象を客観とすると，客観の存在基盤は主観にあると言える。デカルトは「コギトは絶対確実な存在」だと述べた。

　一方，現象学的−実存主義的立場に立つロジャーズは，「哲学的問題に深入りするのは私の目的ではない」とまず断りを入れる。「人間は単に機械的な特徴をもっているだけの存在ではないし，また無意識の動機に支配される存在でもない」と述べ，人間の行く末に希望をもつ。ロジャーズの主旨は次の言葉にある。「人間は，自分自身を創造していくプロセスにある人格であり，人生に意味を創りだしていく人格であり，主体的な自由の一面を具体化していく人格である」と。ロジャーズは，人間は条件づけに翻弄される存在でもないし，無意識の動機に振り回される存在でもない。ときには心理的な生活においては物質的宇宙を超越することもある。人間は自分の生活を生きる存在だという。人間は皆が独自の自分自身になることを選択する，そして自分自身になるように努力する存在であることを

強調する。その結果，自分の到達点は自己実現にあるというロジャーズの自己理論は，楽観的な希望を灯してくれる。

　図1-2に思いの心理療法の立場を示した。主体は各個人に存在することから，本療法は個人療法を基本とする。一つの主体は一つの「内界×外界」の世界で成り立つと仮定する。内界の深奥には，主体の手が届かないような無意識的世界が広がっている。外界への対応は意識領域が担う。主観的および客観的世界というのは，人間をとらえる方向性の相違に過ぎない。主観的アプローチは臨床実践者の視点が色濃く，数字に関わらない経験則による体験内容が重視される。思いの心理療法はこの立場に立っている。

　一方，客観的アプローチは科学者－実践家モデルに基づく科学者の視点といえる。経験知を拾い上げ，統計を駆使した心理尺度の作成，情報領域ではプロトコル分析ツールの開発，心理臨床場面では心理教育の実践にあたったりする。ともにその目的は心の探求にある。心理臨床的に内側にある心から外側の社会へと視点を広げていく主観的臨床的アプローチをとるか，外側の社会から心をとらえようとする客観的科学的アプローチをとるかの違いはあるが，目指すところは人間理解にあり変わりがない。ただ心理療法場面を考えれば，心に迫るアプローチの違いが，心理療法を受けに来た相談者に，"どのような"そして"どの程度の"心理的影響を与えるかについては，セラピストは常に心配りをしておかなければならない。

ロジャーズの『ハーバート・ブライアン事例』における"思い"

　来談者中心療法を広めたロジャーズは，著書『カウンセリングと心理療法』（1942年）において，著書のおよそ半分近くを「ハーバート・ブライアンの事例検討」に割いている。当時の録音機で音声記録された逐語録のすべてが掲載されており，逐語記録を公的に刊行した最初の業績として知られている。ロジャーズの心理臨床における最大の貢献は，本事例にあると言っても過言ではない。以降80年経過した現在，社会はライブの時代に入った。対面，手紙，音声電話等の利用を経て，今はEメール，テレビ電話，社会ネットワーキング・サービス（SNS）等を用いて国境を越えた瞬時のコミュニケーションが可能となった。思いを伝える道具は日々新しいものに塗り替えられ，新たなコミュニケーション手段の開発の流れは今後も続くだろう。このようにお互いがつながる道具は日々変わりつつあるが，一つ変わらないものがある。それは人の"思い"である。ロジャーズの

自己理論は，主体である私自身についての気づきと洞察の深化の探求に寄与したが，ロジャーズは気づきを構成するものや洞察の深化の過程について明確には示さなかった。自分描画法は，ロジャーズの自己理論を背景として，気づきの対象として"思い"に焦点をあて，その思いの構成や思いの深化を問う心理療法といえる。以下は事例紹介である。ハーバート・ブラウンの思いが，セラピィによりどのように変化したかがわかる。

　20歳代後半のハーバート・ブライアン（仮名）は，豊かな表現力と知的な関心をもつ優秀な青年だった。彼には，12歳ころまで吃音があった。彼は自分自身が専門家の援助を求めていることを自覚した上で面接に臨んだ。
　主訴は「性的な場面でのブロッキング（遮断）」であった。ブライアンの思いの変化をみてみよう。以下は全8回の面接後のロジャーズの全般的コメントからの抽出である。話し言葉で表記する。

> 1回目：「僕は，性生活や仕事，付き合いを妨害しているある強制遮断による耐え難い苦痛で悩まされています」
> 2回目：「僕の神経症は心理療法に抵抗していますね」
> 3回目：「僕はガールフレンドに訳のわからない嫉妬を感じています」
> 4回目：「この強制遮断は小さい頃の条件づけのせいで，腹が立っています」
> 5回目：「僕は感情が変化するのをコントロールできないんです」
> 6回目：「多分僕は行動を起こしたいとは思っていないんだと思う」
> 7回目：「僕は先生じゃなく，自分自身を頼りたい……」
> 8回目：「僕は確かに変化しています。そして一生懸命で着実なやり方で成長していると思います」……

　ロジャーズは詳細な思いの分析を行っている。心の問題に限っていえば，クライエントが自分自身の心の変化に納得しなければ本来心理面接は終わらないが，この場合，長期面接となることがある。心理療法の目標設定次第でこの問題はある程度乗り越えられるのかもしれないが，思いの心理療法では心理面接の基本に立ち返り，意味深い面接体験を積み重ねながら，丁寧にこの難題を乗り越えていく。ロジャーズはその後個人心理療法からエンカウンターグループほか集団心理療法へと舵を切ったが，ロジャーズが行った思いの分析は意義深いものがある。思いの心理療法はこの事例がひとつの契機となったのは事実である。

思いの理論

思いの理論と自分描画法

　心理学では記憶内容は「陳述記憶（言語やイメージを用いて記憶想起ができその内容を言葉で相手に伝えることができる記憶で，宣言的記憶ともいう）」と「非陳述記憶（言語やイメージを用いた記憶想起に依存しない手続き記憶，プライミング，古典的条件づけなどをいう。非宣言的記憶とも呼ばれる）」に大別され，「陳述記憶」はさらに「エピソード記憶（個人的体験に関する記憶）」と「意味記憶（知識）」に分かれる。「思い」はエピソード記憶の一つの形態であるが，個人の意識領域を超えて，無意識領域にも入り込む。思いの深さは意識領域から無意識領域へと，領域の深さに絡む。脳トレは記憶を引き出す力を鍛えるものだが，思いに関する記憶は心身の重症度とは直接かかわらない。思いは，「人間ならばあるはずのもの」だと考えられる。思いを重視しその思いを引き出す力を鍛えるための研究は，心理臨床の上で意義深い。自分描画法は「ある思いにふれ，思いをつかみ，思いを収める過程を自ら体験し，自分自身の思いを自ら引き出すための心理的な力を養うことを目的としている。「苦しみを乗り越える勇気を養う」ことを通じて，「自分自身の思いの真実に迫る」方法ともいえる。

　筆者は，「思いにふれず，記憶を引き出すことだけを目的とした研究」には関心がない。筆者は最初に「思い」を仮定し，次に「思い」にふれるための自分描画法の開発に取り組んだ。本法を実施するには道具としての「描画」と「対話」の両方が必要とされ，拙著『思いの理論と対話療法』と『自分描画法の基礎と臨床』へとつながった。筆者は自分自身が心理療法を受ける身になったときに受けたいと思うセラピィを目指して取り組んだ。

　2019年ラグビーW杯で活躍したリーチ・マイケル主将は，強豪アイルランド戦の勝因について，「勝ちたいというメンタリティーと勝てるという自信が一番の要因だと思う」（朝日新聞2019年9月30日付）と語っている。ここでいうメンタリティーは，「思い」にあたると考えられる。心理療法を受ける人の多くは，

ここでいう「思い」と「自信」に課題をもっている。自分描画法は文字や図で思いを表現してもよく，「描画」をしなくても成り立つ。その際，事の深刻度や思いの深さが重要である。セラピストは思いが深まる過程を心理的に支え，思いを深める個々の過程に無理はないか，思いを深める順序に乱れはないか，本来辿らなければならないはずの 4 つの思いの過程を，急いだり，省略したり，あるいは飛ばしてはいないかなどの見立てを行い，思いが養われる順序の整合性を図るように来談者中心的な心理的援助を行う。

　難病の筋委縮性側索硬化症（ALS）を発症した医師の竹田主子さんは，死を願った自身の経験を振り返り，次のように語っている。「私は発症してから病気を受け入れるまで 4 年かかった。診断を受けた当初，自分が無力で価値のないものに思えた。どんどん体が動かなくなるのは恐怖だし，人生に絶望する」と。傷つくことを言われ，目障りなら死んでやるという当てつけ自死を考えることもあったが，子どものために生きなきゃとか，介護にあたった学生に対してこの経験が将来役に立つだろうと思うと，つまり自分の病気体験が誰かの役に立つと考えると小さな喜びがわき，気持ちが揺れたという。医師の竹田さんは，さらに次のようにいう。「でも医師の多くはこうした ALS 患者の心の動きや生き方を知らない。医学部では病気のメカニズムしか教えないからだ」と。最後に「人間は強いときもあれば弱いときもある。もし患者が『死なせて』と発したら，なぜそう思うのか（筆者注；思いに）寄り添って耳を傾け，つらいことを解決する手段があれば全力でサポートしてほしい」と結んでいる（朝日新聞 2020 年 8 月 1 日付）。

　心理学の役割のひとつに，人間に共通する行動法則の探索がある。動機づけに関連するオペラント条件づけは，自発的な行動のあとに報酬や罰といった"結果"を得ると，人は直前の行動を促進させたり回避させたりするという行動法則であり，パソコン操作やゲームへの没頭のほか自発学習教材など多方面で利用され，今やオペラント条件づけは私たちの生活の中に無意識的に溶け込んでいる。また心の理論（Theory of Mind）は他者の心を類推し理解する能力を意味するが，心理臨床で重要とされる共感的理解は心の理論が獲得されていることを前提としている。基礎心理学の知見は，心理臨床に応用できて学問としての意義が増す。しかし行動法則つまり心の定型の模索は，あくまでも心の標準探索でもある。必ずしも定型どおりに展開しない事例はセラピストに，「定型の適用は慎重に行うこと」というメッセージを投げかけた。児童とのかかわりに定型を用いるべきではないという声がある。子どもの発達は個人差があり，定型どおりには進まない。また育ちの違いにより，一人一人が抱えているものが異なる。しかし巨視的にみ

23

れば，赤ちゃんは必ず子どもになり，子どもはやがて大人になる。成長発達の定型を否定する人はいない。心理臨床において重要なのは，「どのような子どもになったのか」とか，「年齢は成人だがまだ子ども」といった心理的未成熟に関する話などの，心の内容と自分のあり方にある。

　定型は，ここから走れば必ずそこに到着する，この道路では逆走は許されないといった意味で高速道路での走行を，定型外は，どこでも思うがまま進むことができる一般道路の走行をイメージするとよい。一般道路を道に迷いながら，汗をかき歩いているクライエントも多い。余談だが，神経心理学の観点から“道に迷う”を捉えた場合，対象者によっては地誌的見当識障害などを想定して認知訓練を実施するかもしれない。治療対象を「地誌的見当識障害」と定め，認知訓練を実施するということは道理にかなっている。しかし「外を歩くと道に迷って困ってしまう。外出することに不安を感じて外出できない……」という身体健常な人の主訴となれば，認知訓練では対応できない。治療方法を変えなければならない。主訴と治療方法が一致しているかどうかが重要だ。その意味で，主訴の内容はより正確に記さなければならない。主訴欄に記された病気の内容は，セラピストの治療の見立てを示している。

　思いの心理療法は，セラピストはクライエントがクライエントらしく生きていくための心理的援助を行うことが重要だという観点に立っている。セラピィでは，心の定型の理解と，個々の心理的内容の理解の両方を必要とする。セラピストは沈黙を含め，クライエントから発せられるすべてのメッセージを受けとめることも重要である。

　思いの理論はロジャーズの来談者中心療法における思いのふれ方やフロイトの前意識のとらえ方，さらにユングの人間象徴理論等に影響を受けている。バウムテストはユング理論を抜きには語れない。個人的無意識，普遍的・集合的無意識といった心理臨床的な意識論は，“思いの深さ”に直接的・間接的に関係する理論であり，筆者にとっては大変意味深い。

　思いは「主体である自己に所属する」ことから，自己像は最初にふれる重要なテーマとなる。自分描画法では，自分という主体がとらえる自分自身のイメージをセラピストとの対話により想起し，自己対話の促進を図る。

思いの心理療法について

1　セラピーの呼称

　セラピーの呼称についてであるが，思いの理論に基づき，対話を用いた心理療法を“思いの心理療法”と表記する。“対話”はセラピーの主たる手段，“思い”はセラピーの視点であり，思いと対話が絡み合って思いの心理療法が展開する。その際，手段でもある対話を強調するときは“対話療法”，思いを強調するときは思いの心理療法と筆者は呼んでいる。

2　思いの深まり

　4つの過程が想定される。具体的には「苦しむ（この他にさまざまな表現方法がある）→ふれる→つかむ→収める」の4つの過程をたどる。セラピストはこの4つの山を見分け，しっかりと連山にもたとえられる思いの変化を見守る。

3　思いの心理療法の視点

　衝動，気分，そして感情がある考えや行動を押し上げる。感情の原初的な形は衝動（性欲，物欲，攻撃など，あらゆる限りの心理的欲求および行動欲求）と，いい感じ・うざい・切れる・かったるい等々で表現される気分があげられる。衝動がやや長く続くと，愛している，喜んでいる，悲しんでいる，怒っている等の感情となり，他者からは理解しやすくなる。衝動から感情に影響を受ける考えや行動すべての心理的過程を「思いの対象」とする。このとき，何がある考えを押し上げたのかに着目する。よってある考えを押し上げる原動力となった衝動ないし感情は何かを重視する。しばしば感情と考えは矛盾し，変に絡み合う。両者の間にどのような葛藤（齟齬）があるのか，どのような力動で感情と考えはあるのかに心を傾ける。来談者とセラピストは，心理的内容は異なるが，お互いに「苦しむ→ふれる→つかむ→収める」という同じ心理的回復に向かう旅に出る。これが思いの心理療法の基本プロセスである。

　次に未知の世界に好奇心をもつ一昔前の男子高校生の事例を取り上げる。

　……大人になりたいという激しい衝動が押し上げて，ある男子高校生は無料通話付きお試しのテレフォンクラブの利用を思いついた。その後成人女性との電話体験につ

いて話し始めた。彼はひとつ経験を深めた。心理臨床で大事な点は，その経験の良し悪しを直接的に取り上げるのではなく，何がそのような考えまたは行動を押し上げたのかについて対話する点にある。未成年者が体験する体験の多くは未体験であるがゆえに，社会的な枠を前提とした対話はあまり効果がない。大人は社会的枠をもちながらさまざまな体験をする。そうしないと，身をほろぼすことを大人は知っている。心のありようは因果関係では表せない。大人はしばしば影響論を考える。何が何に影響を与えているのかを重視する。この事例では，「大人になりたいという激しい衝動」が，「テレクラに電話して成人女性と話してみたい，大人の女性ってどんな人なのかという好奇心がテレクラへ電話をしてみようという考えを押し上げた」，つまり好奇心が行動に影響を与えた点を重視する。さまざまな表情をもつ「好奇心」について対話することが重要である。

　自分の行動を誰かに操られることを人は好まない。これは人間の心性だろう。心理臨床では，自分の心の中に選択肢が生まれ，いずれかを選択する力が育つように，セラピストは心理的に援助していく。子どもが大人になるには長い時間がかかる。「励まし」は一瞬で終わる。「励まし」は瞬時には役立つが，あまり持続しない。「期待をもって見守る」には，セラピスト側に「良い意味での忍耐」と「賢さ（人間の心を理解したいと思う力〔意欲〕，理解し続ける力〔持続力〕，そして理解できる力〔理解力〕の３セット）」が必要となる。

　思いの心理療法では，"「人間は子どもも大人も皆違う」と心底思えることが大事だ"と考える。誰もが口にするこの言葉を心底実感できて，「人間は皆違う」という思いを行動化するのは本当に難しいことだ。自分の身体の健康に自信がなくなれば，健康指数という統計的数値に頼りたくなる。筆者は血圧の数値に過敏になった時期があった。病院で測定すると 160 なのに，自宅に戻れば 120 という数値になる。今は気にしなくなったが，毎日ラジオ体操だけは欠かさず実行している。

"思いの４過程"と"自分描画法の４つの手順"に関する用語

1　思いの４つの過程

日本語で「思い」と言えば正確な定義を述べることは難しいが，誰でもその言葉が示唆することを容易に把握できる。しかし英語には"OMOI"という用語はない。実際には「emotion（情緒）」や「feeling（感情）」を代替用語として言い表すことが多い。思いの理論では，次の４つの過程を想定している。イメージをつかむために，以下対訳で示す。

　思いは心の一つの単位ととらえられ, 思いの深さは 4 段階で表すことができる。
("OMOI"can be regarded as a unit of mind and it has four stages.)

　第 1 過程：思いに苦しむ……
（First, worry about something or someone and feel anxious about something or someone.)

　　　↓
　第 2 過程：思いにふれる……
（Second, touch each other's feeling and communicate with someone.)

　　　↓
　第 3 過程：思いをつかむ……
（Third, catch someone's feeling and understand someone's feeling.)

　　　↓
　第 4 過程：思いを収める……
（Fourth, understand someone's feeling and thought.)

　日本語の " 思い " は，ある考え（例：トラウマ，記憶内容）によって生み出された感情，またはある感情によって生み出された思考を意味している。思いの心理療法では，" 思い " を心の一つの単位ととらえる。本療法は思考と感情を統合する一つの試みである。
　("OMOI"in Japanese means feelings created by one thought（"trauma or memory"）or thoughts created by a feeling. "OMOI"can be regarded as a unit of mind. This paper attempts to unify thought and feelings.)

2　自分描画法の 4 つの手順

　自分描画法は次に示す順序で行い， 4 つの課題で構成される。
　(This technique consists of the following four steps that are carried out in the order as described below.)

　第 1 課題：自己像
（教示：以下同様）最初に自分を描いてみてください。
（First, a client draws himself or herself on a piece of white paper with crayons.)

↓

第2課題：気になるもの

今気になっている何かを思い浮かべてください。人でも，物でも，出来事でも，何でもかまいません。思いついたら，その用紙のどこかに描いてください。

(Second, he or she draws a thing, an event or a person which he or she worries about.)

↓

第3課題：背景

この絵にぴったりする背景を描いてみましょう。

(Third, he or she draws the background of the picture which represents his or her psychological environment.)

↓

第4課題：隠れているもの

この絵のどこかに何かが隠れています。何が隠れているのでしょうか……よーく考えて，何か思いついたらその絵のどこかに描いてみてください。

(Fourth, he or she is asked to imagine and draw something which is hidden somewhere in this paper. The therapist says to the client, "What is it that is hidden? If you come up with it, please draw it on the paper.")

“思い”の素顔

本節では“思いの性質”を理解できるように，架空事例を示しながら話を進めていく。思いを解釈する際の思いの視点とは何か，思いの要点はどこにあるのか等にふれる。

1　思いの解釈

ある女子高校生の事例である。才能のなさばかりが気になっていたが，驚いたことに，自分が書いた文章を先生にほめられた。そのほめ言葉は大げさだった。「嬉しいのか落胆すべきことなのか，複雑な気持ちになった」という。2つの思いがわく。一つは「私には一つだけ，書く才能があった」との受けとめ，これは「嬉しい」につながる。他は「私には書くしか才能がないのか……馬鹿にされた？」という思い。これは「落胆」につながる。「文章をほめられた」ことの意味の受け取り方，つまり思いの解釈によって，その後の展開が変わる事例である。

　ある女子大学生は,「自分ではできないと思っているのに, 相手にはできると期待され, とても嫌な気持ちになったことがある」と話す。この場合,「人は私に無理な要求をしている」との思いがわき, 同時に「私のできないところを突いてくるあなたに対して, 不快感が生じた」という思いがわく可能性も見逃せない。

　2つの事例でみたように, 思いの受け取り方次第で, その後の行動が変わる。思いの解釈は, 慎重になされなければならない。こういうふうに言ったらこういうふうに対応するといった言葉と対処法が一義的に対応しているという事実はない。「ほめれば子どもは育つ」というが, この場合も「誉め言葉」と「育つ」が一義的に対応しているわけではない。誰がどのタイミングでどのようにほめるのかが重要である。ほめられなくても育つ子どもはいる。ほめる, ほめないではなく, どのように子どもと関わるのかが, 子どもの育ちに影響を与えているのかもしれない。思いの受け取り方は, そう単純なものではない。

2　「思いを伝える」ときに絡む心理的要因

　ここでは4つの成人女性の事例を取り上げる。

①心の病で療養中の友人に宛てた手紙

　「心の病で療養中の友人が, ある人の自伝小説を読み, 私にその小説と感想文を送った。返事を書くにあたって, 私は自分の正直な気持ちを出すことで彼女に悪い影響が出るのではないかと心配したが, 思い切って彼女に対する思いを正直に文章に綴った。すると彼女から,『この小説を通して自分の伝えたいことがあなたに伝わったみたいで嬉しかった』という内容の手紙が届いた。私はほっとした。自分の伝えたいことを正直に伝えることができて, 本当に良かったと思っている……」

　……返事を書くにあたって, 相手の人の心の状態の“見立て”が, 文面に影響した事例である。

②祖母の死とピアノ検定

　「中学1年生のとき大好きだった祖母が亡くなった。祖母は遠方に住んでいた。私はそれまで, 身近な人の死というのを経験したことがなかった。そのため私はどうしたらいいのか, よくわからなかった。その上, 私はそのとき別の思いに駆られていた。私はピアノ検定を翌日に控えていたのだ。私はその時までつらい練習に耐えてきた。小学生まではピアノを十分に弾く時間があったけれど, 中学生

からはテストで追われ，吹奏楽部でも厳しい練習があった。この状況の中で，ピアノも練習するといったハードな毎日を送っていた。今すぐ祖母が住んでいたところまで行かなくてはならなくて，祖母の死への悲しみもありながら，ピアノ検定を受けられないという悔しさも味わっていた。結局葬儀に出席したため，ピアノ検定は逃した。このときの複雑な気持ちは大人になった今でもまだ完結せず，今も忘れられない思い出となっている」

　……私の心の中で，「人の死に向き合う」と「ピアノ検定を受けたい」という２つの思いが同時に生じた事例である。「葛藤」が鍵となっている。

③人に合わせてしまう自分が嫌い

　「私は，多数の人がいる中で議論するとき，自分の思いをはっきりと言うことができない。自分はこうしたいと思っていても，他の人が何か意見を言うと，『まぁいいんじゃない』と言って，つい合わせてしまう。自分の気持ちが乗らないままに，人につい合わせようとする自分が嫌い！」

　……思いを伝えるにはそれなりに心の準備がいる。この場合は「人につい合わせてしまう自分が嫌いだ」という思いに焦点をあてることが重要だ。

④誤解

　「中学生の時，いつも仲良くしていた友達に誤解をされてしまったことがある。私はいつもと同じように接していたつもりなのだが，その友達が思いを寄せている男性に，私が好意を持っていると思われてしまった。『それはないよ』と説明したが分かってもらえず，どうしようもない気持ちになった。そのとき友達は『そんなこと言っても言い訳にしかならない！』と言って，取り合ってくれなかった。たぶん私に裏切られたような気持ちになってしまったのだと思う。そんな友達の態度に，どうして信じてもらえないのだろうと私の方もその友達に不信感を持ってしまった」

　……異性関係における嫉妬心が，２人の人間関係によからぬ影響を与えた事例である。「嫉妬心」は思いの溜まり場に取り付く。

3　思いが伝わるときの心理的環境

　「私は，自分の本音を相手に言えないでいることがよくある。『本当はこう思っているの……』と言いたいのに，実際はそれとは反対のことをつい言ってしまう。そのようなことが多くなるとストレスが溜まってしまう。たまにそのストレスが

溜まりすぎて，私は無気力になってしまう。そして眠たくなる。誰にも会いたく
なくなる。だがその前に，相手が私の気持ちを察して問いかけてくれることがあ
る。『本当はどう思っているの？』と。そういう時は私も話すことができる。そ
して安心感がわく。それは甘えかもしれないが……，どうやら私は相手が聴く姿
勢をもってからでないと本音が話せないようだ」と話す人がいる。思いが通じる
ためには，相談者とセラピスト双方が，互いに相手の話を聴く姿勢をもっている
ことが大事だということがわかる。あたりまえのことだと思われるかもしれない
が，実際に双方が聴く姿勢をもち，対話することは大変難しいことである。

4　思いが伝わらない体験

ここでは男女各 2 事例を取り上げる。

①男性：私の思いは伝わらず，生徒から「冷たい先生」と言われた
　「受験生を担当している私は，生徒の自ら学ぶ姿勢を大切にしたいと思っていた
ので，『早く席について』とかいった注意はしなかった。私から働きかけるので
はなくて，できるだけ生徒からの質問に応じたいと私は常日頃思っていた。しか
し生徒の側から見れば，先生の思いは分かりにくくて，私は生徒から『冷たい先
生』『頼りない先生』と言われてしまった……」
　……「自発性が大事」という思いが生徒に伝わらず，あいまいな言葉だけが否
定的に評価され，「頼りない先生」とみられたことを残念に思った事例である。生
徒の思いを重視するあまり，情熱を注げば生徒は変わるという単純な思い込みが
先生側にあるとすれば，生徒の柔らかで可変的な心に対応するのは難しい。思い
は生ものであり生きている。セラピストも思い込みから開放され生きていなけれ
ば，いかようにも生きている生徒には対応できない。

②男性：失恋
　「たいていの場合振られることはわかっていても……実際に失恋した時，世界が
終わったように感じた。片思いの恋愛では，相手は絶対化する。だから失恋は，
神から存在を否定されたに等しい出来事のように思える」
　……告白して振られる。恋する思いがズタズタになる。チャンスがある限り，
「告白を受け入れてもらう」ことを期待する私がいる。心に傷は残るが，告白受理
の可能性があるということは，傷の痛みを乗り越えるほどのものがある。

③女性：思いの読み取り違い

「私は何も考えておらず，ただボーっとしているだけなのに，友達からは，『真剣に考えているね』とか『悩んでいるね』とか言われることがある。それでいい気分になることもある。しかし不意に意見を求められたりすると，私の心臓は止まりそうになる。大変困る。何も考えていないということを，阿吽の呼吸でわかってほしいという私の思いが通じない……」

……自分の表情をみて，勝手な思い込みをしてほしくないと思っている。「有難迷惑だ」との思いがある。自分が本当の思いを伝えない限りは，思いの受け取り違いをされる可能性がある。思いは見えにくい一例である。

④女性：思ったことを話したのになぜ相手に伝わらないのか

「私は思ったことをそのまま話すとほとんどいつも伝わらないので，わかってもらえるように説明を付け足すことが多い。だから私の話は，自分ではすごくくどくなっているような気がする。くどく話すことに，自分でもイライラする。自分ではどうして思いが伝わらないのかがわからない……」

……話し言葉と話の内容は伝わっているのだろう。思いは，話し言葉や話の内容とは別次元の性質をもっている。「思いの伝え方がわからないで不安感を覚えている」という件は，「話し言葉や話の内容は相手に伝わっているが，話すあなたの意図や熱意が伝わらない」と受け取られているのかもしれない。その結果，相手はあなたに興味を示さないということなのかもしれない。

5　言葉のかけ方と相手の態度変容

ここでは男性の体験からの学びを含む3事例を取り上げる。

①言葉のかけ方次第で相手の態度が変わる

「教育実習中のこと。一日の終わりの会で，私は生徒たちに今日一日頑張ったかどうかを尋ねた。いつも友人に話すように，『今日一日頑張れた人は手をあげて！』と尋ねたが誰も手を上げなかった。私の気持ちが伝わらなかったのかなと思った。そこで『みんな，頑張れたかな』と言うと皆が手をあげた」

……「年齢に合わせた発言が重要だと思った」と話す。言葉の使い方や言葉のかけ方で，相手の反応や態度が変わる一例である。

②集中できるのは没入できるとき

「そのとき私は進学校と呼ばれる高校の2年生だった。担任の先生は私が部活にしか頭にないことを知って，『今は部活を頑張れ』と言った。さらに先生は，『テスト期間だけは普段していない分勉強しろ』と付け加えた。先生はテスト期間には休日返上で指導してくれた。その先生のおかげで，今の自分があるのかもしれないなと思っている」

……熱中できるときに熱中する，無理やり方向を変えようとしないことが功を奏した一例である。人間は何であれ，集中できるときに最大の力を発揮する。

③私は遊べない人だと思われている

「子どもの頃，友達に遊ぼうと誘われ，私は『無理かもしれない』と答えた。自分の予定がはっきり決まっていなかったからだ。しかし結局予定はキャンセルされ時間が空いた。友達の家に行こうと思い家を訪ねたら，友達は不在だった。『無理かもしれない』という言葉を聞いて，友達は『無理だ』と解釈したのだろう。結局2人で遊ぶことができなかった。幸いにして他の子をまじえその後遊ぶことはできたが，今考えると『私は遊べない人』だと思われていたのかもしれない……」

……人は言葉を聴くと同時に，その言葉がもつ意味の解釈をほぼ無意識的に行っている。解釈にあたっては，「その人とのこれまでの体験」が判断材料になっていると考えられる。

6　私からある思いをもって，相手に仕掛けた事例

①挨拶したが，挨拶を返してもらえなかった

「いつもは私から声をかけない相手に挨拶をしたのにも関わらず，挨拶を返してもらえなかった。私の思いは『いつもやらないことをやったのだから私を認めてもらいたい』だったが，無視されたわけではないと思う。相手はそもそも私の存在に気づいていなかったのかもしれない。もしそうならひとりよがりの思いだったなと思う……」

……勝手に思いをわき立たせ，相手の反応を期待しているひとりよがりの事例である。ひょっとしたら，相手の人は，私の思いに何も気づかなかったのかもしれないとの気づきは，次のステップにつながる気づきと言える。

②相手を気遣って婉曲的にものを言う

「私はそもそも直接自分の気持ちを表現するのは苦手なので，遠回しに私の気持ちを汲み取って欲しいと思って婉曲的に発言をした。しかし友人は何も汲み取っ

てはくれず，逆に『あなたは，言っていることが矛盾している』などと言って怒り出した。実は私には思いが伝わらなかった経験がたくさんある。伝え方がヘタなのだと思う。でもはっきりと自分の気持ちを言うと相手を傷つけてしまうかもしれないし，相手が落ち込んでしまうかもしれない……そう思うとはっきりとは言えない。表現って難しいなぁってつくづく思う……」

　……「婉曲的にものをいうことが相手を傷つけないよい方法だ」との思い込みに苦しんでいる。相手を気遣うことと婉曲的にものをいうことは，一見整合性がとれているように思えるが，実際には直接的なつながりは薄い。相手からの直接的な介入を避けるために婉曲的な言い回しをしているのかもしれないし，自信がないからこそ婉曲的な言い回しになり，その結果無意識的に自分から問題を不明瞭にさせているのかもしれない。過度の思い込みは，しばしば思いのズレを発生させる要因となる。

7　相手から欲しかった言葉が得られなかった

　「ストレスが強くて，私は身体を壊した。このとき同じ部活の友達からは『早く身体治してね』『身体大丈夫？』『無理して部活出なくていいからね』など，手紙や口頭で言われた。ストレスが体調に現れたのは初めてのことだった。自分が自分をコントロールできなくなり，苦しかった。楽しいことを考えようとした。それなのに身体のことばかり言われて，それらの言葉は私には重かった。他の言葉が私は欲しかった。私だけがつらい思いをしているわけではないはずなのに，なぜ私だけがこんなに調子が悪くなるのかと考えてしまった……」

　……欲しかった言葉（つらそうね……）が得られず，目に見える身体変調への気遣いばかりを話す友達に腹が立った事例である。身体の心配は目で見てできるけれど，心への配慮の言葉は思いつかないし，口になかなか出てこない。「ばかり……私だけが……」という言葉が指し示す心の内容に留意する。

8　歪んだ心の読み取り

　「私のテスト結果はクラスで1番で，自己最高点だった。そばにいた友達に点数を見られ，その友達から『勉強が好きなんだね〜』と言われてしまった。私は実に困った……」

　……妬みや嫉妬心は，暗黙の否定的な思いの交流によって生じる。言葉に出さずとも互いに了解できる暗黙の了解と，同様に言葉には出さないが，互いに了解できない暗黙の了解があることを知る必要がある。思いの発露は表と裏のほかに，

深さも関係する。

9　思いのすれ違い

男女各２事例を取り上げる。

①女性：友達に付き添い，夜まで家に戻らなかった

　小学校４年生の時，友達と２人で下校したときのことである。友達は私に「好きな人がいるの。手紙を書いたから，その好きな人の家に寄って手渡したい。一緒に来て！」と言い出した。放課後，私と友達は男子の家を探したが，なかなか見つけられず，とうとう夜になってしまった。しかし執念なのか，友達はなんとか男子の家を見つけてしまった。一件落着して家に帰ったら，母からものすごく怒られた。母は私のことを心配して学校に電話したらしく，担任の先生も私を探しに出たという。先生に電話したら，「何にもなくて良かったわ」と言われ，なんだか申し訳ない気持ちでいっぱいになり，泣きながらごめんなさいを言った思い出がある。

　……登場する人の思いを整理してみよう。

　私は「友達の恋が実ってほしい」との思いで友達に付き添った。

　友達は「私一人では心細いので私に付き合って欲しい」との思いがあり私を誘った。男子宅を探し当て，安堵の思いでいる。

　母親は「無事でいてほしい」との思いで，先生に協力を求めた。

　先生は「無事でいてほしい」との思いで，私を探し歩いた。

　……同じ事柄に対して，皆が違う思いや行動を起こした事例である。思いは皆違う。

②女性：早く寝たいから帰って

　「私は友達と一緒に自宅にいた。私は寝不足だったので，『眠たいね』とぼやいていた。友達は『わかる。時間も遅いからね』と言ったが，いつまでも帰る気配がない。私の方で『じゃ，今日はそろそろおしまいにしようか』と言い出すと，突然『今夜，泊めて！』と言い出した。私の思いは通じていたのだろうか……？」

　……私の思いは「早く寝たいから帰って！」，友達の思いは「今晩泊めて！」

　と双方の思いがすれ違っている。友達は帰るのが面倒くさくなって，「泊めて！」と言ったのか，最初から「泊まる」つもりでいて，いつ切り出すかを考えていたのか……，私が早く寝たいのを知りながらあえて「泊めて！」と言ったのか……

思いは未知数だ。

③男性：家庭教師をしていて

　「私は初めての家庭教師で，子どもの自宅に行った。私はとても緊張していた。母親は気を使って，夕飯を出してくれた。私は今さっき夕食を済ませばかりでお腹いっぱいだったが，本当のことを言えず，食事をいただいてしまった。もうお腹がパンパンになり，正直家庭教師どころではなかった」

　　……母親の思いは「子どもの勉強をどうぞよろしくお願いします」

　　私の思いは「もうお腹がいっぱいで食べられません。感激です」

　　もてなしの気持ちが伝わり，嬉しさが腹痛を上回った事例である。

④男性：一人でいたい

　「その日はなんだか疲れていたので誰にも会いたくなくて，自宅で一人ゆっくりしていた。夕方コンビニに行くため外出したとき，偶然友達と出会った。その友達はどうも家に帰りたくないらしくて，私の自宅までついてきた。もう時間も遅いのでついてくるなと言いたかったが，はっきりそのように言えず，なにかと遠回しに『帰ってほしい』と伝えた。しかし伝わらなかった。『いい加減に私の気持ちに気づいてくれよ』とその時切に思った」

　　……私の思いは「いい加減に気づいてくれよ！　ついてくるな。一人でいたいんだ」　私は彼に阿吽の呼吸を求めているが伝わらない。

　　友達の思いは「寂しいからかまってほしい」

　　この事例も思いのすれ違いが見られる。友達は「私は疲れているんだ，一人になりたい」という私の思いに気づきながらもついてきたのか，私の思いに気づかずついてきたのか，友だちの思いを推し量るのは難しい。

10　自分の思いに気づき，思いを変化させた事例

　ある女子大学生の事例である。

　「教員免許をとるために必要な介護体験実習で，私は認知症の高齢者が生活する施設を訪れた。その時，食事の介助を何度か任された。実習当初は，あまりご飯を食べてくれない人がいた。会話もほとんどできてできないため，私はどうすれば良いのか分からず，とにかくご飯を全部食べてもらうことばかり考えていた。その後，私はあることに気づいた。入所者は，私がとにかく自分の仕事を終わらせれば良いというような気持ちで接しているのではないかと見抜いて，食べてく

れなかったのかもしれないということを……。それからはこまめに声をかけ、その人の様子をよく見ながら介助を行うようにしたところ、当初よりもご飯を食べてくれるようになった」

　……高齢者の今の思いがどうなのかを考えながら、丁寧な介助を行うと、不思議と私と高齢者間のコミュニケーションがとれた事例である。思いに寄り添うことの意味がわかる。

11　思いが通じることの難しさ（何が難しいのか）

　男女の事例を取り上げる。

①男性：震災ボランティア
　「私が初めて震災ボランティアに参加した時のことである。最初地元の人々は私のことを、よそ者でただのボランティアというような感じで見ていた。しかし私はもっと震災に遭った人たちの思いにふれたい、話を聴きたい、仲良くなりたいと思い、毎日地元に人に声をかけ、日常的な話を繰り返した。すると次第に心開いてくれた。自宅に呼んでくれるようになり、お茶を勧められるようになった。そのあと、震災に対する思いや、将来どうするか等について話してくれるようになった。当初は私からの一方的な思いで接近したが、徐々にリラックスした中での思いのやり取りができるようになり、最後にはとても良い交流ができたように感じた。今でも地元の人と連絡を取り、現在の状況を話したりしている。最初は好奇心からボランティアを志願したが、実際に活動に参加し、地元の人々と生活をともにすることで思いが通じた。体験を可能な限り共にすることの重要性を学んだ」

　……思いが通じるには、体験の共有と共感的傾聴が鍵となる。

②女性：なかなか思いが伝わらない
　「思いが伝わったと感じたのは、生まれてこのかた片手の指で足りるほど少ない。思いが伝わることなんて、人間同士において皆無に等しい。実際は思いが伝わるのではなくて、伝わった気がするだけだと思う。思いが通じる方が稀だと思う。そう思う私の毎日は不安でいっぱいだ。相手をわかろうとはするけれど、確信が持てない。挨拶一つとってもそうである。思いは伝わると信じたい部分も確かにあるが、今はまだ信じられない」

　……話すだけでは、相手に自分の思いが伝わったかどうかは確認できない。だ

からこそ，相手に思いが伝わったかどうかを相手に確認する必要がある。「あなたがAさんに話したいと思うことは，（こういう）ことでしょうか？」「あなたは相手に何を話せばよいのかはわかっているけれど，どのように話せば相手に伝わるかを考えているということでしょうか」「それはあなたにとって難しいということでしょうか……」など，面倒くさい表現に聞こえるかもしれないが，思いが伝わったかどうかを確認するためには，自分が理解したことを相手に再確認することが重要となる。

12　思いと共感的理解

過去に拒食症を体験した女性の事例である。

「私は高校時代，拒食症を体験した。部活の部長になり，物事を決めなければならないときの自信のなさからくる迷い，不安，孤独感，そして部長としての強がりなど，さまざまな思いが生じ，心が不安定になっていった。たいして太っていないのに痩せたいと思ったことがきっかけで極度な食事制限をして，１カ月に10kg以上も体重が減った。ガリガリに痩せてしまっても自分では太っていると思い込み，痩せなきゃ，太るのが怖いなどと思っていた。今でもあの時の心の動きは不思議なくらいだ。周りからは『大丈夫？』とか，『凄く痩せたよね』とか，時には『吐いているの？　私にも教えて』といった心ない言葉もかけられた。私は自分が病気だとか，異常だと認めたくなくて，無理に元気に振る舞っていた。そんな私の思いをわかってくれた人はいなかったように思う。なぜなら"自分から分かってもらおうとはしなかったから"だ。でも今思うと，私は母親に助けられたように思う。急な体重減少にも母は驚いたり聞き出そうとはせず，勉強のことを褒めてくれたりして，私の全てをありのまま受け入れてくれた。私は母にとても感謝している」

　……共感的理解は，本人が理解して欲しいという思いがわきたったときに効果的に作用することがわかる。ありのまま受け入れることが，最も安心できる受容方法だということも理解できる事例である。

思いの生成と論理性

1　論理と非論理

福澤（2010）は，「思考は自由に飛躍するもの」であり，頭の中で起こった思

考プロセスはそのままでは他者には意味不明だという。よって思考を他者に伝えるには，まず思考を整理することが必要となる。さらに思考プロセスの経過と結論を他者に伝えるには，双方が共通した心理的基盤をもつ必要がある。この共通基盤こそが「論理」だと指摘し，「論理」は話者と聴者の共通言語として焼き直された他者とつながる窓だと述べている。

　また思考の生成順序については，「思考が最初にあり，論理は思考した後の処理段階に登場する」こと，「思考がもっていた自由な飛躍を論理は許さない」こと，「だから，論理的になれば，思考の自由な飛躍は小さくなり，自然と他者がついてこられる内容になる」という。

　図 2-1 は心の世界における非論理性と論理性について心理臨床の視点から筆者がまとめたものである。

　福澤のいう「思考」は，図 2-1 では「思い」に近い。非論理的な性質をもつ無意識の世界を論理的にとらえるには心理的共通基盤（論理または理論）が必要となるが，その心理的共通基盤を何に設定すればよいのかが難しい。無意識を扱う精神分析やユング心理学における元型論などはまさしくこの心理的共通基盤にあたる。心の自然なありかたからとらえれば，非論理的世界には自分描画法，各種描画法，箱庭療法，イメージ療法，遊戯療法などが適合している。また論理的世界には論理療法，認知療法，認知行動療法などが馴染む。認知行動療法の礎となる論理療法を開拓したエリス（Ellis, A.）は 1980 年頃に数回来日しワークショップを実施した。さまざまな心理療法を勉強中の筆者もその中にいたが，「ねばならない，べきであるという非論理的な信念が悩みの源泉」で，「信念を変えれば人生は変わる」という仮説の背景には「非論理性が人を苦しめるのだ」との考えがあり，論理的になることを提案する。アメリカ心理学協会でのエリスの講演会に，あれほど多数の聴衆者がいたことは今でも忘れられない記憶として残っている。エリスとロジャーズの関わり方の比較について，ワークショップで学んだことを表 2-1 に示した。

　各種心理療法には絶対的優劣はなく，実存不安，感情処理，思考方法，対応法など心理療法の対象とするものによっていずれの心理療法を選ぶのかを決めるのが自然である。来談者中心，つまり相談者に沿うという意味は，単に気持ちの反映だけでなく，セラピーの技法にも及ぶ。

2　心理臨床の課題

　非論理的な心的世界の中の心的論理性の探索は，臨床心理学の発展を支えユン

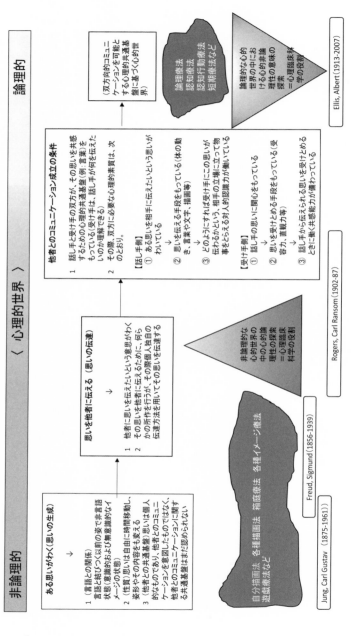

図 2-1　心理的世界における非論理性と論理性

表2-1　クライエントに対するエリスとロジャーズのかかわり方の比較（小山，1989）

	エリスのかかわり方	ロジャーズのかかわり方
導入	どうしましたか？（問題点を直接的に尋ねる問いかけ）	どうぞ思いつくままお話しください（問題点を間接的に尋ねる問いかけ）
問題提示	不安で頭がいっぱいです（何に対する不安かを明確にしていく）	不安で頭がいっぱいです（何に対する不安かをあまり問題にしない）
かかわる心の姿勢	非論理的思考（ねばならない，べきである）が悩みの源泉	非論理的思考に気づかぬ自分が在ることがそもそもの悩みの源泉
到達点	行動の変容（各論的人間観）	自己実現（総論的人間観）
心のおさえ方	思考（認知），感情，行動を明確に区分しアタックする	思考，感情，行動を明確に区別せず，これらを含めた全体としての人間にアタック

行動の発生　　思考（認知）の力で揺らぐ感情に攻撃を加える（重要視する）　　　揺らぐ感情（行動の発生を妨害する）	行動の発生　　思考のはたらきかけ（重要視しない）　　　揺らぐ感情
クライエントが後天的学習をとおして獲得した意志力	クライエントが本来もっているはずの意志力
＊知にたよりながら情を浮かび上がらせ行動（意志は直接問わない）をはぐくむあり方	＊知をにらみながら情をともにし，意（行動は直接問わない）をはぐくむあり方

グやフロイト，ロジャーズの取り組みにあるように心理臨床科学の役割と言えるが，論理的な心的世界の中における心的非論理性の意味の探索も心理臨床科学にとっては重要な課題のはずである。前者については心理臨床家が日々取り組んでいるが，後者の課題についてはあまり触れられない。論理性の中の非論理性の探索は，非論理性の中の論理性を探索する以上に難しい課題なのかもしれない。

　河合（1990）は人間科学の根本問題は，研究対象が人間であり，研究の実施主体も人間だという点にあると指摘する。ここでいう「人間」とは，心理臨床科学を想定した全体として機能する人間を意味している。河合は，一人の人間を一個の全体的な人間として，「自」と「他」の区別にとらわれず，その人間と関わりを求めていくことが大事であり，その関わりの過程を正確に記述することが心理臨床科学にとっては重要だと述べている。この立場は，今日の心理臨床における事例研究を支える理念となっている。

　たとえば，私はなぜ脳出血を患ったのか……。人は病因（論理的）を探り，不

表 2-1 のつづき

		ワークショップでのエリスのロールプレイ	筆者のケース（ロジャーズ理論による）
情動	Th の応答 （第 1 課題）	目を閉じてください〔行動の指示〕 Th：せいいっぱい不安を感じてください。もしあなたが不安でたまらなくなったらいってください。〔論理療法的情動心像法〕 Cl：おそらくそれに近い状態になりました。	Th：どうにも動きが取れない自分を感じておられるのですね。〔感情の明確化〕 Cl：えぇ … 会社の中はまるで私にとってはオリ同然です。〔歪められた経験の提示〕 Th：オリ同然？ … と言いますと？〔くり返しと開かれた質問〕
思考	（第 2 課題）	Th：あなたの気持ちを変えるということにチャレンジしてみましょう。〔悩みの解決方法のほのかな示唆。Cl にほのかな期待〕 Th：それほど不安ではない，パニックではないと自分の気持ちを変えてみるようにしてください。 例——羞恥心粉砕法（薬局で大量のコンドームを買い，まけるように交渉してみる / 電車が停まるたび駅名を叫ぶ）	Cl：同僚とうまくいってないんです。彼は専門学校卒業生で私はしかるべき大学を出ているのに，彼のほうがずっと仕事ができるんです。〔歪められた経験の提示の深化〕 Th：うーむ。〔単純な受容〕 Cl：しかも彼は私より 2 年後輩なんです。〔歪められた経験の提示の深化〕
行動	治療動機の確認 快感原則の応用 （第 3 課題） セッション内容の確認	Th：毎日 30 分，これができますか？ Cl：はい，やってみます。 Th：毎日の楽しみは何ですか？ Cl：子どもと遊ぶことです。 Th：ちゃんと課題をやり終えなければ子どもと遊んではいけません。嫌なことは？ Cl：文章を書くことです。 Ｔ h：では課題をやらなかったら毎日遅くまで起きて，1 時間くらい文章を書いて下さい。いいですか？ Cl：はい，わかりました。 Th：では今日はこのくらいにしましょう。	Th：うーむ，あなたは彼とくらべるといずれも自分のほうが高まっていいはずなのに，事実はそうでないことにちぐはぐな感じを持っておられるんですね。〔内容の置き換えと感情の明確化〕 Cl：そうなんです。彼をみるとイライラします。会社を辞めたいなあーって思うこともしばしばです。〔歪められた経験の提示の深化〕 Th：あなたにとって彼の存在はとても大きいんですねぇ。〔内容の置き換え〕 Cl：あんな奴！〔感情の吐露〕 Th：あんな奴！〔くり返し〕 Cl：… いや，私自身にも何かあるんでしょうね。〔ひとつの気づき〕
		＊1 セッション所要時間 / 以上，30 〜 40 分くらい	＊1 セッション所要時間 / 以上，1 時間くらい

摂生な生活を反省したり遺伝を考えたりするかもしれない。しかし悩んでいるうちに，自分なりに納得感を得て対応を探ろうとしたりする（非論理的）。藤原（2020）は，命があって生きているという実感があり，そして生身で体験してこ

そ，個人的で主観的な人間である"私"という心の事実があらわれると指摘する。どうやら人間は論理的かつ非論理的世界に生きているらしい。どちらかに目をつぶると世界は見えなくなるようだ。

思いの深まりの過程

1　「思い」と「想い」

　「思い」は「想い」と記すことがある。「思い」は理解と関わり，感情のみならず推理・判断を含むあらゆる考え方を包摂する広義の思考といえる。一方，「想い」は思考の中でも想像，つまり心の中のイメージを用いて何かを考えるときによく使われ，狭義の思考と考えられる。たとえば恋愛の場合，「彼に対する思い」と表記するよりも，「彼に対する想い」と記す方が"恋愛"という感情をよく映し出す。「想い」に「考え」よりもより強く「感情」を感じ取っているからだろう。物語を読んでいて，想像が追いつかないことがある。たとえば吾峠呼世晴作『鬼滅の刃』の主人公竈門炭治郎はなぜ鬼退治に全力を注ぐのか。鬼によって妹の禰豆子も鬼と化してしまった。炭治郎は妹を人間に戻すため，禍をもたらす鬼と命をかけて闘う。闘いの目的は，家族再生または人間再生にあるとも読み取れる。読者は炭治郎が置かれたつらさ（感情）をありのまま受け取り，物語の展開に共感度を深めれば深めるほどこの物語に引き込まれていく。読者が主人公の"思い"を理解し共感できてこそ，主人公がとる行動の意味がつかめるのだ。この物語は2020 〜 21 年，日本のみならず世界を襲ったコロナ禍で収縮した人々の心の現状と重なる。本書では感情も含むより広義な思考に関する概念として「思い」という用語を用いる。

　思いの心理療法では，思いを「ある感情を伴う考え」ととらえ，これを心の一つの単位として扱う。本法では，セラピストは来談者の「何を」受容するのか，「何に」共感するのか，この「何を」と「何に」の部分が重要である。セラピストには，面接の深まりに応じてこれらをつかみとることが求められる。セラピストによって，「受容」と「共感」の受け取り方が異なれば，心理療法の立場も違ったものになるだろう。自分描画法では来談者中心療法の立場に立ち，主に来談者の感情の受容と，今在る考えに対する共感を同時に心の中で動かす。セラピストが受容と共感を同時に動かした時に，来談者とセラピスト相互の「思い」が発露すると考える。

ある大学生の言葉である。「理論上の最高値と現実の最高値の差に，僕は納得がいかない！」と。試験で満点は100点だが，努力をした結果としての70点は自分では満点に近い点だ，つまり「僕は全力で今ある力を出し切ったから70点で後悔はない」と言っている。成績簿は「優」ではなく「良」だが，来談者にとっては意味ある「良」である。セラピストはどちらに依拠するか……。100点か，70点か……。思いの心理療法では「来談者の思いに沿う」という観点から「70点」に重きを置く。100点は将来の可能性としていたずらに持ち出さず，今は置いておく。

2　思いは受け継がれていく

学校でも会社でも，通常創設（者）の思いは受け継がれていく。思いは目に見えないものだが，校訓や社訓の中に生き続け，創設者を知らない人にまで創設の思いが引き継がれる。ある小学校では「開講128年！」をホームページで強調する。元士族のS氏が私的に寺小屋を始めたが，これがこの小学校の創立とされる。そして子どもの教育に目覚めた地域の熱意が，延々と新入学児童に受け継がれてきた。今は近代的な鉄筋の建物を目にするが，校長室に飾られた旧校舎の写真を見て，かつてを偲ぶ。

人間関係においても思いの受け継ぎは認められる。親子関係においてはとくに顕著である。信頼できる親のもとで育てられた子どもは，子どもの頃に親からしてもらったことを，大人になって再現させる傾向にある。その子どもは「人は信頼できる」という思いを受け継いでいる。その逆もある。信頼できない親から受けた心の傷は，大人になってからもなかなか癒えない。新たな人間関係を築くにも，まだ癒えない心の傷が妨げとなり，なかなか人を信用することができない。この人は「人は信頼できない」という思いを受け継いでいる。虐待という負の連鎖はこの一例である。

3　「思い」は同じでも「表現方法」は皆違う

誰もが思っていることは同じでも，それを表現する方法は皆違う。たとえば平和であってほしいと誰もが思うが，平和を守り続ける手段に関する意見は皆が同じではない。「思い」は，生きていくための行動基盤にあたる。思いの理論は，心の起源にふれる。なぜ「思い」は同じでも，「表現方法」は皆違うのか。「思い」と「感情」「行動」の関係を考えてみたい。次にある男性の心のありようを取り上げる。

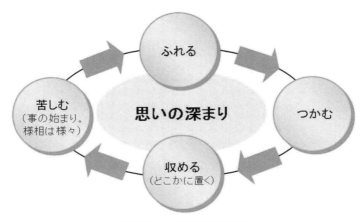

図 2-2　4 つの思いの過程

「思い」：周囲は，私の思うとおりにあって欲しいと思う。
「感情」：周囲が私の思いどおりでなくなると，私は途端に不安になる。
「行動」：自己防衛（他者を批判する，文句を言う，人を避ける等々）
→今：満たされない思いがくすぶり続ける……。

　彼はいつも怒り顔である。不満ばかりで，人が近づきにくい雰囲気をもっている。「表現方法」はここでは「行動」にあたる。「文句ばかりを言う」という行動の背後には，「不安に彩られた不満感情」があり，「人は私の思うとおりにあってほしい」という思いを変えない限り，感情および行動は変わりにくい。思いは心の起源という所以である。
　思いは同じでも，どのように行動するかについては予測ができない。オリンピックで銅メダルをもらって歓喜する選手がいれば，「銅メダルか……」とふてくされる選手もいる。2 人の選手が銅メダルに対してもつ思い，感情，行動すべてが違っている。一人は「金メダル以外では私は満足できない」との思いで自分自身に対して「上から目線の態度」をとり，「攻撃的」に迫る。他方は「私は銅メダルでもいいからなんとか入賞したい」との思いで，「控えめな態度」で「努力」する。最初から 2 人の思いが違っている。

4　思いの深まり

　思いには深さがある（図 2-2）。思いの深さは 4 段階で表すことができる。最初の段階は「思いに苦しむ」，第 2 段階は「思いにふれる」，第 3 段階は「思いをつ

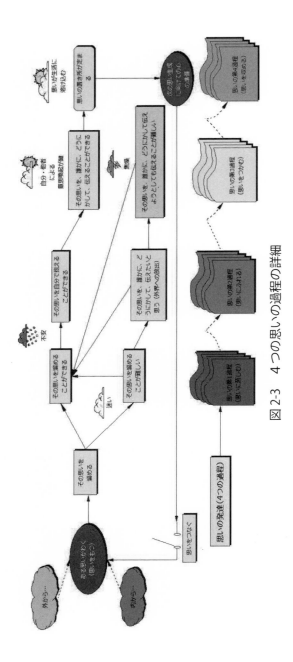

図 2-3　4つの思いの過程の詳細

かむ」、そして最後は「思いを収める」段階である。4つの段階を言い表すと、次のようになる。

　　ある思いに……
　　「苦しむ」→心が軋む＝「悩み事が発生，今の心理的状況の吐露」
　　「ふれる」→個々のことにふれる＝「いろいろな体験をする」
　　「つかむ」→「気になること」と「隠れているもの」が接近＝「気づきを得る。気づきは双方の整合に影響を与える」
　　「収める」→「気になること」と「隠れているもの」が統合＝「双方の統合があって，心の置きどころが定まる」

　思いの深まりの過程の詳細については，図2-3にフォローチャートで示した。この図は，人が苦しい思いをする場面に出くわしたとき，それをどのように肯定的な思いへと変化させていくかというプロセスを理解する上で役立つ。

思いの4つの過程事例

1　日常的事例

　思いは何も特別なものではない。誰にでもあって，いつも自分にくっついて離れない空気のような存在である。普通に生きていると思う人の多くは，「あまり自分の思いに気づかない」だけのことである。身体の病気を患った，心の問題を抱え込んだ，人のことが気になって仕方がないなど，心理臨床に関わるようになると，なぜか人は自分や他者の思いに敏感になる。自分はいったい何を考えているのかがわからない，あの人は私のことをどう思っているのかが気になる，毎日あのことが気になって頭から離れない……など，人は思いに悩まされる。人はどのような思いに悩まされているのか，あまりにも身近にあることだけに，人は意外と気づいていないこともあるだろう。

　以下の表2-2に，日常出会う14歳の中学生から30代までの思いが絡む事例を取り上げる。表内の1から4までの数字は思いの4つの過程である「1苦しむ→2ふれる→3つかむ→4収める」を意味する。

表 2-2 思いの４つの過程の日常事例

---

① 14 歳女性
主訴：試験の点数が悪かったが，予想外にも母親は私を叱らなかった。なぜなのか，気になって仕方がない私。

1　テストで今までにないくらい悪い点を取った。自分では出来はいつも通りだと思っていたのに予想外の結果となり，とても落ち込んだ。
2　家に帰って母にそのテストを見せたとき，「怒られる！」と思うと涙が出てきた。怒られる情けない自分が悲しかった。（怒られる場面をイメージすることで，母親の思いにふれた）
3　だが母はそんな泣いている私の姿を見て，「一つぐらい悪い点数だからって気にしないの」と励ますだけで，怒ることはなかった。（怒るだけの人ではないと気づき，母親を再認識＝母親の人柄がわかったという実感をもつ＝母親の思いをつかんだ）
4　きっと母は，私の落ち込んだ様子を見て，十分反省していると分かってくれたのだと思う。（母親の立場に立って自分自身を振り返ってみた。今まで気づかなかったが，理解ある母親だと思えた）（母親を「理解者」というイメージに置き換え受容＝収める［納得ではなく，受け入れたということ］）

---

② 15 歳男性
主訴：友達づくりのコツがわからない私。

1　高校に入学できたのはよかったが，緊張して周りの人に声をかけることができない。同じ中学校の友達はいなくて，話しかけるきっかけがなく苦しい。（緊張してしまう。自分が不安定になる）
2　ある日，帰宅途中に思い切って同じクラスの男子に挨拶をしてみた。するとその人は笑顔で返事をしてくれた。（自分から友達に挨拶した＝友達にふれた）
3　それから毎日お互いに挨拶をし，学校の休み時間でも親しく話をするようになった。そこから友達の輪が広がり別の人たちとも知り合いになった。徐々にだが緊張せず挨拶ができるようになった。（ほかの友達にも声をかけることができるようになった＝多くの友達をつかんだ）
4　挨拶から始まった交流は固い友情で結ばれ，友達のつくり方というものを知った。これを機会に，友達の輪を広げたいと思っている。（友達づくりの意味がわかった）

---

③ 17 歳女性
主訴：瞬時に判断ができない私。

1　バスケット部の部長になったが，部員が自分についてこないような気がして，ついには自分で部をまとめられるかどうかが心配になり，その結果部活をつまらなく感じ始めた。バスケット部をやめたい……が言い出せない。（部長である自分が部をやめるなんて，言えない！との思いで苦しんでいる）
2　誰にも気づかれないようによく考えてみた。その結果，部長である自分自身の気持ちが暗いので，部の雰囲気が悪くなっているのだと感じ始めた。（自分の性格にふれた）
3　このままだと部員に迷惑をかけるから，思い切って「部をやめたい」と，部員の前で言った。すると部員から「部長についていきたい」と言われた。これは私の思い過ごしだったことがわかった。（部員の思いを読み違えていたことに気づく＝部員の気持ちをつかんだ）
4　私は自信がないのに自信があるふりをしていたのだ。今ではそういうことがわかり，弱い自分を受け入れられるようになった。不思議なことだが，なぜか自分に対して，安心感を持てるようになった。自分の気持ちに素直になろうと思った。（弱い自分を心の中に収めた）

④ 18歳男性
主訴：大学受験に失敗し，合格した友達に対して嫉妬心がわいた私。

1 大学受験に失敗。浪人を決意したときに，友達が合格したとの連絡が届いた。私はなぜか，一時その友達と縁を切った。（嫉妬心に苦しむ）
2 一体私は誰に腹を立てているのかと自問した。（自分の思いにふれた）

3 私はこれから「苦しい道」を進んでいく状況に置かれたことで，"合格した友達への嫉妬心が芽生えた"ことに気づいた。嫉妬の存在に気づいたことで，私たちの間には何も悪い要素がないということことに気づいた。（自分の思いに自分自身が振り回されていたことに気づき，自分の気持ちをつかむことができた）
4 友達に「合格，おめでとう！　僕は浪人することに決めたよ」と電話した。（"覚悟"に，収めた思いが表れている）

⑤ 19歳女性
主訴：思いやりのない私に嫌気がさす。

1 私は嫌な人間だと思っている。人を認めてあげられない。皆のように優しい思いやりのある人になれない。どうしたらいいのかがわからない……。（思いやりのある人間になりたいのになることができないという苦しみがある）
2 私は大学の寮に入ってたくさんのいろいろな考えを持った人に出会った。（私は多くの人の心にふれた）
3 そして考えが変わった。世の中にはたくさんの人がいる。自分だったら考えつかないようなことをする人もいる。（人は皆思いやりがあるわけではなくて，さまざまだと気づいた。人の気持ちが少しわかったような気がした＝気づきあり）
4 私は思いやりのない人とも出会ったけれど，慣れだよ。慣れると，私とは違うタイプの人を不思議と許容できるようになった。自分にはそういうたくさんの人に会う機会と経験がなかっただけのこと。でも人を認めようとする気持ち，許容しようとする気持ちは持っていようと思う。（自己嫌悪感が和らいだ＝自己嫌悪感を心の中に収めた）

⑥ 20歳女性
主訴：サークル活動での孤独。

1 サークル活動では仕事ばかりを押し付けられ，誰も私のつらさを理解してくれなかった。私は一人なんだと思い苦しんだ。（私一人が苦しんでいるという思い込みが私を苦しめる）
2 メンバーの一人が私の苦しみに気づき，支えてくれた。彼のおかげで他にも支えてくれる人が増え，友達の優しさにふれた。（人の優しさにふれた私）
3 メンバー皆がお互いに支え合い，一つの目標に向かうことの充実感に気づき，仲間でいられることのありがたさを理解した。（仲間の一員であることを自覚できた）
4 一人ではつらくても，理解者が一人でもいればつらさが減ること，一人理解者がいれば，理解者がさらに増えていくことがわかった。（体験が深まった）

⑦ 21歳女性
主訴：彼氏とのこれからが不透明で不安になる。

1　彼氏とこれからの進路について話した。お互いの意見が合わず，喧嘩になった。（互いの生き方のズレで苦しむ）

2　一人になり，冷静に喧嘩の内容を考えてみた。（自分と彼の気持ちになって考えてみた＝二人の生き方にふれた）

3　彼氏の気持を理解し，自分の意見を整理した。（気持ちを整理することで，何かが見えてきた＝自分自身と彼の気持ちにふれた）

4　彼氏と話し合い，お互いの気持ちを理解し合って仲直りをした。二人でなりたい自分になれるように頑張っていこうと決意した。（お互いがお互いの気持ちがわかるようになり，気持ちの置きどころが定まった）

⑧ 22 歳女性

主訴：ドイツへの卒業演奏旅行案が計画されたが，個人的事情があり，参加するかどうかで迷っている。

1　ドイツへ行くかどうか迷った。お金もないし，5 月は授業もある時期であまり行きたくないし，さらに飛行機が墜落したらどうしようかと思い真剣に悩んだ。（ドイツへ行きたいが今は行きたくないという葛藤がある）

2　旅行会社を訪問した。担当の方々の話を何度か聞いた。ドイツのロマンチック街道や，ノインシュヴァンスタイン城などについて話を聴いたり，写真を見たりした。（ドイツの魅力にふれた）

3　ドイツの教会や高齢者施設で演奏する曲の練習も，日を増すごとに楽しくなってきた。さらに有名なドイツビールやワイン，ソーセージなども食べたり飲んだりできるのだと思い，少しずつ楽しくなってきた。自分の演奏がドイツで活かされると思うとわくわくしてきた。（ドイツで演奏することの意味をつかむ）

4　ドイツへの卒業演奏旅行が決まった。覚悟を決め，演奏曲の練習に励んだ。［事後談→ドイツへの演奏旅行に行った。さまざまな景色を見て，さまざまな人々と出会い，おいしいものを飲んだり食べたりした。なんといっても私たちの演奏を聴いて喜んでくれた人々がいたので，ドイツへ行ってほんとうによかったと思う。（迷ったが行ってよかったと満足感あり。ドイツ旅行は思い出として残った）

⑨ 24 歳男性

主訴：背が伸びて止まらない！

1　13 歳の中学生のとき，身長が 180 cm を超えた。その時は本当に嬉しかった。だが，その 3 カ月後に 186 cm になった。どこまで伸びるのか見当がつかなくて怖かった。（背が伸び続けることへの恐怖感が自分を苦しめる）

2　本，雑誌，テレビなどで情報を集めた。身長を止めるためには，身体に悪いことをすればよいことがわかった。それはタバコを吸う，酒を飲む，ドラッグだ。（背が伸びるのを止める方法を，ネット情報から得た＝ネット情報にふれた）

3　身長が伸びるのを止めるために，悪いことだとわかっていたが，タバコと酒を 14 歳から始めた。（背が伸びるのを止めたくて，悪いことだとわかって悪い方法を試した＝悪しきつかみ方）

4　身長は止まらなかった。逆に伸びて，今 189.5 cm になった。そこで身長を止めることをあきらめた。そのうち，これが自分だと思えるようになった。しかし，そのような体験があったことから，今でもタバコがやめられない。（身長が伸びないように変に努力することをやめた。"あきらめ"で，当面は気持ちを収めた）

⑩ 30 歳女性

主訴：祖父が亡くなって悲しい……。

1　私が小さい頃の話。一緒に暮らしていた祖父が突然亡くなった。急にいなくなって，おじいちゃんっ子の私はとても寂しい思いをした。（喪失感で苦しんだ）
2　祖父の周囲にいた人から，生前の祖父の話をたくさん聴いた。（生前の祖父とふれた）
3　祖父の使っていたものを処分しながら，祖父のことを懐かしめるようになった。（亡くなった祖父と思い出の品々を通して会話を楽しんだ。祖父がそばにいるような気がした）
4　月日が経過した。当時は悲しかったが今では私の思い出となり，祖父は私の気持ちの中で生きている。私は普通に生活できるようになった。

⑪ 35 歳男性

主訴：見られる私（思いの新たなステージが必要な事例）。

1　会社の同僚が下す私への評価に苦しんでいる。（評価が低いことにショックを受けている私）
2　どうみられているか，不安でしかたない。（人の思いにふれることが怖くて，何ものにもふれることができない）
3　どうしたらよいのかわからず，縮こまってしまい身動きがとれない。（思いをつかむところまで進めない私）
4　自分をさらけ出すことをあきらめた。感情を押し殺してしまった。（思いを収めるには遥か遠いところにいる私）

⑫ 38 歳女性

主訴：便秘解消で悩んでいる。

1　私は便秘がひどい。すごくお腹が張るし肌荒れもひどい。健康な腸でないことに不安を感じている。将来，大腸がんになるかもしれないと思うと気持ちが暗くなった。健康でない私は，ダメな人間なのかもしれない……。（重度の便秘で，将来病気になるのではないかと不安を感じている私。その不安感で苦しんでいる）
2　生活スタイルを見直し，ありとあらゆる健康情報を収集し，便秘解消法を試してみた。（やれるだけの対策をとった。多くの便秘解消法にふれた）
3　食事療法としてヨーグルト，豆乳，にがりを継続して食べ，これを習慣化した。そのうちにだんだんと効果が見られるようになった。（便秘解消法をつかむ）
4　毎日快腸で，肌荒れもなくなった。また気持ちよく過ごせるようになり，便秘解消だけに注意を払うのではなく，健康な食生活や食スタイルを心がけることも楽しくなった。（便秘解消は健康な食生活，食スタイルにもつながることだとわかってきた＝便秘解消対策の置きどころが定まった）

　以上，概要ではあるが日常生活の中で見聞きする思いの 12 事例をみた。人はどのように自分の思いを変えていくのかがわかる。

2　心理臨床的事例

　心理臨床現場で"思いに関する話"は溢れている。自分を楽しくさせてくれる思いなら，人は相談室まで足を運ばないだろう。相談室には，自分では対応が難

しい事例が持ち込まれる。以下は，心理臨床の場で相談者自らが取り組んだ事例である。主訴と思いの4つの過程の概要について記した。主訴は異なるが，多くの事例にふれると，人が思いを収めていく過程がおぼろげながら見えてくる。自分以外の要因が絡む事例，自分自身の思いに絡む事例，他者との関係が絡む事例，身体が絡む事例の4つに大別し，全30事例について紹介する。

①自分以外の要因が絡む事例

　　1）小学生のときに両親が離婚した

　　1　なぜ両親は結婚したのかと考えるが，しっくりこない状況が続いている。

　　2　それとなく姉に話した。すると姉は，以前母親からもらった手紙を見せてくれた。「夫婦という関係はうまくいかなかったけれど，友人としてならすごくいい人だったと思う」と書かれてあった。

　　3　結婚も，一度体験してみないとわからないこともあると思った。

　　4　人生って，そんなものか……。

②自分自身の思いに絡む事例

　　2）周囲の人の考え方と，自分の考え方に温度差を感じる

　　1　そういう状況になると，イライラしてしまう。

　　2　自分の考えは正しいと思っているが，私はそれを口に出さない。周囲をあまり見ようとせず，ぐっとこらえる私がいるようだ。

　　3　人それぞれにやり方考え方があるから，なるべく気にしないように心がけた。

　　4　少し気が楽になった。自分のやりたいことをしようと思えるようになった。

　　3）自分の気持ちを言えず，つい人に合わせてしまう

　　1　何でいつも本当のことを言えないのか……本心を言えず悩む。自分自身に対して息がつまりそう……。

　　2　なぜ私は人に合わせてしまうのか，自分に聴いてみた。

　　3　私は人にどのように思われているのか，もしも否定的に見られていたらどうしよう，という思いが自分の中にあるのではないかと気づいた。

　　4　「自分は自分なんだ」と思うようにして，それから少しずつ感情を表現できるようにしようと思った。

　　4）自分のコミュニケーション能力のなさに嘆いている

　　1　自分のコミュニケーションのなさがとても嫌になった。

2　さまざまな人とふれ合う必要がでてきた（例：質問をする，交渉をする）。さまざまな人と話した。

3　うまく伝えられないこともあったが，なんとか成功した。しかし他人に頼りっぱなしなところもあることに気づいた。

4　行動すればなんとかなることに気づいたので，とにかく行動するように心がけようと思った……が，その行動をなかなかできない自分にもイライラしてきた。また他人に頼りっきりの自分にもイライラしてきた……（次の課題に移行する）。

5）他人に自分のありのままを伝えられない苦しみ……

1　なかなか本当の自分（ありのままの自分）を人に出すことができない。家族には自分の意思をはっきりと伝えることができるのに……，

2　もしかしたら，「良い子」だというイメージを相手に見せているのかもしれない。本当は違うのに。よくよく考えてみると，中学校の頃も，高校の頃も，最初の頃は自分を出せていなかった。でも深くかかわりを持ち続けている人（親友）には素を出せていることを思い出した。

3　大学で出会った友人にはまだありのままを出せていないけど，今までのことを考えると，時間が解決してくれるだろうと思うようになりつつある。でもまだ不安である（4 段階へはまだ辿り着けず，第 1 段階へ戻る）。

6）孤独感を感じて，ひとり寂しく思う

1　孤独感や孤立感で苦しんでいる。

2　電話やメールなどで，人の温かさにふれた。

3　自分はひとりではないんだと気づいた。

4　孤独って，自分が思い込んでいただけだ，とわかった。

7）自分が苦手意識を持っている人に対する気持ち

1　彼は私にとってすごく苦手な人，関わりたくないなと思う人だ。

2　声をかけたときの彼の素振りから，彼は私を「嫌っている」と思ってしまった。

3　そのうち私が「彼に不快な思いを投げかけているのかもしれない（例：表情が暗いとか）」と思うようになり，これは私の問題だと気づいた。

4　私が明るく接してみたら，彼は普通に笑顔で応えてくれた。自分が変われば，何かが変わるかもしれないなと実感した。

8）ヒソヒソ話を自分のこととつい結びつけてしまう私

1　人がヒソヒソ話していれば，自分が悪く言われているのではないかと思っ

てしまう。ネガティヴな考え方をしてしまうことに苦しんでいる。

2　友人に相談した。

3　ヒソヒソ話すのは，その人たちの癖のようなものではないかと言われた。

4　なるほど，そうかもしれない。気にしないほうが良いのだろう。でも未解決！（まだ置きどころが定まらない状態。その後専門の相談室に行った）

9）思っていることが顔に出てしまう

1　友人に指摘され，喧嘩になった（苦しみの展開状況）。

2　どうしていいのかがわからない（方法を探った）。

3　顔に出ることを自覚した（気づいた）。

4　思っていることははっきりと口に出して，伝えるようにした。

10）自己嫌悪で苦しむ

1　自分の役に立たなさを今になって知り，落ち込んだ。こんな自分は大嫌いだ。でも自分を好きになりたいと思う。

2　名前も知らないある人に出会った。

3　自分を好きになるには「人を好きになることだ」と教えてくれた。

4　人を好きになる努力をしてみようと思った（その後専門の相談室で，努力だけでは人を好きになれないとわかる）。

11）何かを頼まれたとき，嫌（No！）と言えない

1　嫌なときに No！と言えなかった。

2　テレビや講演会，ネット情報でも同じような話題を取り上げていた。

3　嫌ということは相手との関係を単に悪くしてしまうものではないことがわかってきた。

4　嫌という言葉も，心に残しておこうと思った。

12）なぜかわからないがイライラする

1　イライラする自分にもイラつく。

2　友人が自分と同じ思いを持っていた。

3　自分だけじゃないんだと安心した。ただイライラしていても，自分にとってプラスになることは何もないと気づいた。

4　なんだか，こんなことどうでもよくなった。

13）学校に行きたいが，登校すると体調が悪くなり，教室に入れない

1　学校に行こうと思うが行くことができない。

2　学校に行けるようになりたいという思いから，カウンセリングを受けた。

3　相談する中で，自分は授業についていけないつらさがあって教室に入れな

いのだ，ということに気づいた。

4　授業内容を 100 ％理解できなくてもいいんだ，と思うようにした。

14）自分の考えを，うまく相手に伝えられない私

1　伝えたくてもうまく話せないから苦しい……。

2　そのことを思い切って相手に話してみた。

3　話すうちに，私は頭の中でうまく物事の整理ができていないことに気づいた。

4　時間がかかっても，自分なりに伝えていこうと思った。

15）やらなければいけないことを後回しにしてしまう

1　締め切りが近づいて苦しんでいる。

2　課題が出されたその日に，時間をつくって取り組んだ。

3　取り組めば，すぐに終わることに気づいた。

4　これからは，できることはその日のうちに取り組もうと思う。

16）人の目が気になる

1　何を思われているのか考え，苦しむ。

2　話せる友達に思い切って，「自分はどう思われているか」と聞いて見た。

3　友達からの言葉で，自分の良いところ，悪いところがわかった。

4　周りを前ほど気にしなくなった。

17）友達とうまくいかない

1　友達とうまくいかず，悩んでいる。

2　付き合いに限界を感じてきたので，自分はどうしたらよいのか精一杯考えた。その結果，友達と距離を置くことにした。

3　心理的距離を置くと，「無理して仲良くする必要はない」と思えるようになった。

4　無理しなくてよいと思うと，心理的距離を置く前よりも，自然に友達と話せるようになった。

18）自分にとって悪いことが起こると，すぐに落ち込む私

1　早く切り替えなければ，目の前にある自分がやらなければならない課題にも取り組めず前に進めない。

2　この気持ちをカウンセラーにぶつけてみた。

3　その結果，悪いことが起こっても，それが今まで行ってきたことすべての結果ではないということに気づいた。

4　次は悪いことが起こっても，他のことに影響がでないよう少し努力してみ

ることにした。

19）他人に嫉妬してしまう。他人の嫌いなところにイライラする

1　私自身の心の狭さや，嫉妬している自分が嫌で苦しんでいる。

2　カウンセラーに相談した。

3　話す中で，私に似た考えがある人も私のそばにいることに気づいた。そのことに気づくと気持ちが楽になった。

4　これからは，少しでもありのままの他人を受け入れられるようにしたいと思う。

20）昔のことばかり考えてしまう

1　現実のことに集中できないため，苦しんでいる。

2　時間があれば昔のことを考える。

3　現実逃避をしようとしている自分に気づく。私は現実で，少し厄介な問題や嫌なことがあると，現実逃避する癖がある。

2　なぜ昔にこだわりをもつのか，しばらく考えてみることにした。

3　昔は自分を出せたのに，今は出すのが怖いことに気づいた。

4　さしあたり「自分を出す」という課題に取り組むことにした。

③他者との関係が絡む事例

21）恋愛に苦しんでいる

1　私は彼が好きだが彼には別に好きな女性がいる。私はどうしようもなく苦しい……。

2　彼が好きな彼女に悪いから，彼へのメールの回数を減らそうとするができない。友達に相談したが，私は感情をぶつけるだけで，解決策が見出せない。

3　彼にとって私はただの女友達で，何でも話せる存在だけど，恋愛には発展しない女なのだろう。

4　彼の迷惑にならない程度に自分の気持ちを正直に持ち続けようと思う。彼のことを好きでいるうちは好きでいようと思う。好きになってくれないから好きじゃなくなるわけじゃないことを，本気で悟った。

22）友達関係がうまくいかない

1　私は友達に受け入れられていないのではないか？　一緒にいても，相手の目をつい気にしてしまう。

2　楽しく話をしようとしても相手が気になってうまく話せない。自分を抑えてしまう。

3　友達も私の気持ちに感づいて，私の顔色を窺い距離を置いているような気がする。でもこれは私の思い込みかもしれない。

4　思い切って話したら，意外と普通に話せた。私の考えすぎだったようだ。

23）対人関係の悩み

1　現在の自分は以前の自分ではなく，周りの友達と上手に付き合えない。そしてひとりで行動することが多くなった。こんな自分が嫌でたまらない。以前と同じように友達と付き合いたいが，どう接していいのかがわからない。友達にもあきれられ，嫌われたのではないかと不安。

2　何度か私の話を聞いてくれようとして飲み会に誘ってくれたが，話す気になれず，すべて遮断してしまった。

3　自分が友達に心を開いていないのだと思う。仲良くなりたいと思っているのに頑固だから……。

4　自分から話しかけてみよう。

24）邪魔される

1　自分ひとりの時間に他人が入ってきて邪魔する。

2　自分の時間に侵入され苦しむ。人が来るたびに「邪魔だ」と思う。

3　なぜ人は私に関わろうとするのかと考えた。私は，自分ではよくわからないが，人から好かれるものがあるのかもしれないなと気がついた。

4　「すぐに自分の殻にこもるのはよくない，まずは返事する」と心に決めた。

25）友達のAさんBさんの間に立ち，2人から悪口を聞かされている私

1　中間に立っている私はどうすべきか，悩んでいる。

2　とりあえず，矛盾のないようにAさんとBさんの話をそれぞれ聞いた。

3　どちらも本当にお互いを嫌っていないのかもしれないと思えた。

4　不思議なことだが，時間がたつにつれて，AさんBさんから悪口は聞かれなくなっていった。

26）本当は関心がないことに深く関わってしまったつらさ

1　「もうやめたい」と思っているのに，立場上やめることができないでいる。私はいかにも，外側に関心があるように振る舞っている。

2　私は本当に関心がないのか，もういちど自分の心を探ってみた。

3　自分の中で，「少しは我慢ができそうだ」という感じがあることに気づいた。

4　これからも「我慢できるところまでは関心がなくても関わっていくしかないかな」と思えるようになった。

27）いじめの強要に困惑している私

1　友達のAさんから，仲間のBさんを「無視しろ」という電話がかかってきた。私はBさんをいじめたくないので，「嫌だな」と思った。しかしAさんの求めに対して断りきれない情けない自分がいる。「わかった」と言って電話を切った。

2　いろいろ考えた末，思い切ってBさんに電話をした。Bさんには経過を話し，これからグループの付き合いをどうするか2人で話し合った。Bさんは意外と冷静で，「Aさんが私を無視しろと言った気持ちもわかるし，あなたが狭間に入って困っている気持ちもわかる」と話してくれた。

3　「あれ？　これって何？」と不思議な気持ちになった。どうやら，しっかりしていないのはこの私らしい。

4　Bさんの態度を見て，どんな場合でも偏らず，嫌な話でもしっかりと受けとめようという気になった。

28）「君は知識がない」と先生に言われショックを受けた

1　本当のことを言われているのに，なぜだかイラつく。

2　先生に言われたのだから努力しようと思い，自分なりに努力した。

3　そのうちできないこともたくさんあることがわかり，自分の努力不足が確かにあると実感した。

4　努力不足に気づくと，以前のような変な意固地さは消えた。

④身体が絡む事例

29）身体が自由に動かない苦しみ

1　自分の身体なのに自分で自由に動かせない。いっそ，死んでしまいたい！

2　同じような病気の人が通っているデイサービスに通ってみた。

3　私より重度の人がたくさんいて，一人ひとりがリハビリに汗を流していた。

4　なんだか恥ずかしくなり，自分も頑張ってみようという気になった。

30）すごくやせたい

1　太った自分を見るのが嫌。小学生の頃からダイエットを意識する。

2　あるときふと，「なんでやせたいのか」と考えた。

3　「可愛い服を着たいから，痩せているほうが素敵だから」と気づいた。

2　次に，「なぜやせられないのか」について考えた。

3　自分の意志があまりにも弱いことに気づいた。

2　でもおいしいものをお腹いっぱい，我慢せず食べたいと思う自分もいる。

　その結果，次のようにすることにした。

　4　食事を変えて痩せることをメインにするよりも，運動して痩せようと努力
　　すること，こちらの方が健康によさそうだ。

　悩みの内容，悩みへのふれ方，悩みのつかみ方，そして悩みの置きどころ，収
め方はさまざまだが，人の思いは思いの 4 つの過程に沿って展開しているのがわ
かる。

小説「阿弥陀堂だより」

　小説『阿弥陀堂だより』（文春文庫）は，2002 年に出版された。著者南木佳士氏は長野県在住の医師であり，うつ病体験者でもある。本作品は生死をテーマとした，人の心に優しさを灯す作品となっている。本小説は，同じ 2002 年に映画化された。映画の舞台となったのは長野県飯山市の福島地区に映画セットとして建てられた阿弥陀堂である。長い年月の間に，映画のセットではない，おうめ婆さんが見守る魂が入った阿弥陀堂となった。現地を訪れる人は多いと聞く。当時筆者は長野県に在住しており，飯山の美しい風景に誘われて，現地には何度も足を運んだ。近くの菜の花公園から眺める千曲川，斑尾山，妙高山などの山並みは，筆者夫婦がコメ作りを体験した長野市姨捨の棚田から見る善光寺平と似て，“思い”の世界に近いものがある。この映画や劇中の風景を好むかどうかは人それぞれであるが，“思いを感じさせる何かがここにある”ことは間違いない。『阿弥陀堂だより』は，思いの心理療法創案のひとつの契機となった映画でもある。

　当時，筆者は近隣の中学校でスクールカウンセラーを担当していた。相談室では相談室だよりを毎月 1 回発行。阿弥陀堂だよりについても記した。以下に抜粋を示す。

“阿弥陀堂”訪問

　夏休み，私は映画『阿弥陀堂だより』のロケ地，飯山に行ってきました。とてもいいお話の映画で，映画の風景もきれいでした。都会の仕事に疲れ，パニック障害を起こした女医さんが，夫の故郷飯山でもう一度新しい生き方を見つけようと移住を決心。山に抱かれる静かな毎日を過ごす。その後, 40 歳をすぎて子ども

図 2-4　阿弥陀堂

図 2-5　阿弥陀堂から見る風景

図 2-6　おうめ婆さんの「お願い」　　　　図 2-7　菜の花公園から見る風景

を授かるという命のドラマです。作者は佐久総合病院に勤めるお医者さんです。

　　千曲川の堤防沿いには延々と花がいっぱい植えられ，道路はまっすぐで，まる
で北海道の道のようです。風は気持ちよく山の緑もまばゆいくらい。真っ赤なア
ーチ型の橋を渡って少し行くと，阿弥陀堂は山の中腹にありました。阿弥陀堂へ
行く途中，「周りの土地には立ち入らないでくだせぇ」というおうめばあさんが作
った立て札があります。阿弥陀堂ではちょうどおうめばあさんが留守中で，「戸の
開け閉めはお願いします」との伝言がありした。ここが映画の舞台です。

　　阿弥陀堂の戸をあけると大きな虫が中から飛び出してきました。驚かせてごめ
んなさい……誰もいなかったので，縁側にすわって，じっと下方に見える千曲川
を見ていました。川はうねり，何もかもが静かでした。突然森の中で動物がガサ
ガサと大きな音をたて，一瞬ハッとしました。声をかけてくれればよかったのに
……あった出来事はそれだけ。

　　ふもとの村では地元でとれた作物が少し並べてあって，「欲しい人は 100 円入
れてください」とメモ用紙に書いてありました。誰もいません。のどかな村です。
また訪問したいなという気持ちになりました。……

第3章

自分描画法

自分描画法分析の視点

　自分描画法は描画等を通して思いを浮かび上がらせる一つの心理療法手法として開発されたが，自分描画の分析にあたっては，思いの構成要素（仮説）である「自分（主体）」，「気になる何か（今私の心をとらえているもの，浮上している心のありよう）」，「背景（気分や感情）」，「隠れているもの（心のやや深いところにある自分関連の何か）」のほか，「物語や題名」についても，より詳細な分析を行う。分析にあたっては一義的な象徴解釈は行なわず，来談者自身が感じ取った象徴的なイメージを大切にする。具体的には次の流れで進めていく。その要点を以下に記す。

（1）発達状況の見立て（大きな掴み）
→描画特徴と年齢との比較（平均値の比較等）。
例「5歳の子どもではわずか2％のものが幹を地面の上に描き，6～7歳では15％，8歳では31％，9歳では95％となり，それ以上の年齢では，この数値が10％程度の変異を持ちながら持続される」（C. コッホ（林勝造・国吉政一・一谷彊訳）（1970）「バウムテスト」日本文化科学社，　p.16）

（2）自分像の分析（自分の掴み方）
→「今の自分」との関わり状況を明確にする。
①自分像を描くときの心の動きについての分析（積極的・躊躇・消極的・拒否等）
②自分像の有無（自己イメージ化に関する自分自身の受容度）
③自分像の位置→空間象徴図式との対比（意識水準および向性）
④自分像の大きさ（A4 版用紙との対比で捉える）
⑤自分像の描き方（丁寧・粗い・棒人間等の分析。自分が自分自身をどのように扱っているか）
⑥自分像の説明の仕方（非言語水準［口ごもり］から言語化水準［自分を言葉で伝えることができる］まで，今はどの程度の水準にあるかについて見定める）

＊留意点：自分像の分析については，これまで蓄積された「人物画テスト」の知見を
　参照する。その際は，空間配置，空間の使用量（自分像の大きさ）が問題になる。
　これについては量的分析（例：デジタル画像分析）を加え，より説得的な資料とな
　るよう努力する。

（3）「気になるもの」描画の分析
→来談者中心療法の根幹をなす「今・ここで」を明確化。
①気になるものの描き方（具体的・抽象的・図式化等。他の描画に関する成果を参考
　資料とする）
②気になるものとして，何を描いたか（“何”についての分析。他の描画に関する成
　果を参考資料とする）
③気になるものの描き方に関する分析（例：具象［例：Ａ子］・象徴［☆星印］・抽象
　〔進路〕）
＊留意点：「今，心をとらえているもの」の分析を行う。対象は「人物・出来事（過
　去・現在・未来は問わない）・感情（例：不安感）」など，限りがない。今のありよ
　うにより近い「気になる何か」についての抽出を行う。

（4）「背景」の分析
→主に気分や感情の分析を行う。
①背景として，何を描いたか（“何か”に纏（まつ）わる感情についての分析。例；開放感と
　関連した草原の絵）
②背景の描き方（具体的から抽象的描画まで種々あり。感情のキメ）
＊留意点：「感情分析」の視点から考察を加える（例：雷→自然の怖さや不思議さ，珍
　しさなどが相まって結構好き等）。

（5）「隠れているもの」の分析
→深層心理の追及。
①隠れているものを描くまでの心の動きについての分析
仮説：意識水準により，描画行動に差異が出現する。3つの意識水準を想定する。具
　体的には「無意識的抵抗→無意識的および意識的狭間にある迷い→意識化され浮
　上」の水準。
②隠れているものとして何を描いたか（描いたものの特質に関する分析）
隠れているものについては，「意識水準に沿った描画（3つの水準を想定）」の捉え方
　をする。
仮説：無意識的水準であれば，原初的なイメージが描かれるだろう。
　　　迷い水準であれば，無意識的または意識的な葛藤内容が描かれるだろう。
　　　浮上水準であれば，次の2通りの可能性が考えられる。
　　　1）過去に関連する描画であれば，「こうであってほしかった（よかった）」，「こ
　　　　うであったかもしれない」，「こうならないでほしかった（よかった）」，といっ

　　た肯定的または否定的な思いが描かれる。
　　２）未来に関連する描画であれば，「こうであってほしい（こうなるような気がする）」，「こうなるかもしれない」，「こうならないでほしい（こうはならない気がする）」等の，過去と未来に関する"思い"が描かれる。
＊留意点：「秘密」にふれる。「秘密」には，「ささやかな秘密」から「絶対知られてはいけない秘密」まで種々ある。このほかにも「自分自身が知らないでいる自分の秘密（いわゆる自分探しの旅がその一例）」もあるだろう。それはときに「気づけない心」であったり，「気づきたくない心」であったりする。ここでは多方面の角度から「秘密」について検討を深める。

（６）「物語と題名」についての分析
①展開状況
　　１）思考の流れ（思考過程の評価〔起承転結等〕）
　　２）始まりと終わりとの整合性による分析）
　　３）「思い」の抽出
②心理臨床場面において，思いの抽出は来談者との対話療法によって把握される。思いの確認は，原則として対人的認識の対話を用いて行う。
＊補足：自分描画の物語分析にあたり，量的視点から思いの分析を行う際には，物語から抽出される「思い」について丹念なコーディング作業を行い，IBM SPSS Text Analytics for Surveys4 や NVivo 質的データ分析支援ソフト，または Kh_Coder 等のテキストマイニング等を用いて質的分析を行う方法もある。

（７）色使いに関する分析（色彩象徴）
→色彩心理学より学ぶ。
①描画部分と色使いとの対応（どの部分を明るく，どの部分を暗く描いたか等，描画部分と明暗の対比）
②色彩が全体に占める割合に関する分析
＊留意点：色彩心理学の知見を参考とし，自分描画を判断するときの一つの資料とする。

（８）総合分析
　最終的に，「思い」の内容分析と「思い」の心理的成熟状況に関する分析結果から来談者の思いについて見立てを行う。

　自分描画法の分析の流れを，以下の図 3-1 に示した。

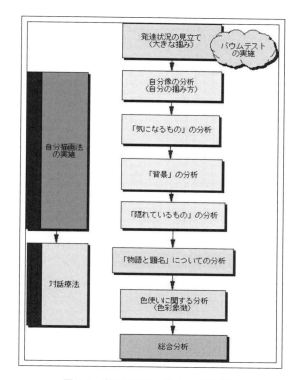

図 3-1　自分描画法に関する分析手順

『自分像』描画の理解

自分描画法では最初に「自分を描いてください」と求められる。

1　教示

自分画を描く際は，「自分だってことがわかれば，どのように描いていただいて
もかまいません。絵でも，文字でも，記号でもなんでもよいのです。あなたが描
きたいように描いてください」と教示される。

2　実際の自分像描画で起こり得ること

このとき，「自分はこの用紙を上空から眺めている」，「自分は透明人間で姿は見
えない」というように，用紙以外の空間に自分を位置づける場合がある。それは
それで，描画者の心を理解する手がかりとなる。自分描画法は信頼関係がある程

度樹立したのちに行うが，来談者によっては「自分を描くのには抵抗がある」と言い自分像を描かないことがある。このときセラピストには抵抗感や拒否感が伝わるが，これも描画者の今の心理状況を察知する手がかりとなる。セラピストは，「何が抵抗感や拒否感を生み出したのか」，つまり来談者が抵抗感や拒否感を生み出すもとに心を注げばよい。自分描画を前にして，抵抗感や拒否感が見られるということは意味深い。

3　自分像描画の視点──何が自分像を描かせたのか

　自分描画法では，「何が用紙に自分像を描かせたのか」という視点を大切にする。「何が」とは，「外界または内界からの何らかのメッセージ」によって「あるところ」で生理的覚醒に近い心の発火（触発）が起こり，これにある事象が絡みある気づきが生じ，これが出現した自分像と考えられる。つまり用紙に描かれる自分像は，自己投影像と関係する。自分描画法では，心の深層に人それぞれ“思いが溜まるところ”があり，外界および内界の動きにより何か気になること，つまり“ある思い”が生じれば，思いの溜まりどころは平穏ではなくなるのだと考える。

　歌曲『歌の翼に』はハイネの詩にメンデルスゾーンが曲をつけたものであるが，ロマン的で抒情あふれた俗界を離れた他界である桃源郷を彷彿させる。桃源郷とは心の内にある楽園をイメージすることがあるが，桃源郷の引用元とされる陶淵明の『桃花源記』（4世紀頃の作）によると，桃源郷は神仙世界またはユートピア（理想郷）に近い。川で魚取りを生業としているある漁師が，谷川に沿って船を漕いでいくと，突然一面に咲きそろった桃ばかりの林と出くわした。芳しい花が鮮やかに咲き誇り，花弁がひらひらと舞い落ちる。漁師は不思議に思い，林の奥の水源にたどり着いた。そこには一つの山があり，小さな穴が開いていて，光線が射している。人一人が通れるようなトンネルを進んでいったら，すばらしい田畑，美しい池，桑や竹の類があり，高齢者や子どもまでが皆ニコニコしていて，楽しげだった。彼ら賢者は，時の秦の始皇帝が暴虐な政治を行ったため，この地に逃げ込んだという。以来外界と縁が切れ，桃源郷での生活はすでに500年が経っていた。歓待を受けた漁師は，帰り際，またここに来ることができるようにと，要所に目印をつけた。帰ってから，この話を秦代に置かれた郡守である太守に話したら彼は大変興味をもち，その場所へ人を派遣しよういうことになった。漁師は派遣された人とともに桃源郷に行こうとしたが，迷って道を見つけることができなかったという。俗世を離れて静かな生活をしているある高潔な人物もその秘境

を探訪しようと計画を立てたが，実現しないうちに病気で亡くなった。その後，誰も桃源郷に辿りつける人はなく，桃源郷はまた隠蔽された状態に戻ってしまったという。桃源郷が桃源郷でなくなるということは，この場合，"思いが溜まるところ"が揺れ動いていることを示す。外界または内界から何の刺激もなければ，このまま桃源郷であり続けるはずだが，それは現実にはかなわないことだと示唆しているようだ。

　人は時空間を得て，楽しみ，喜び，充実感のみならず，疲労感，ストレス，悩みなど，困り事をも含む体験をする。そしてその種々の体験が，脳の記憶領域に刻み込まれていく。「自分に自信がもてない……」から，「なぜ自分はこんなことをしてしまったのか……」などの自己喪失感は，いずれも不確かさ感に関連する。「自分がわからなくなる」ということは主体としての自分を失うことであり，主体としての自分が弱体化し，自分以外のものに自分の魂を委ねたときに，日本では桃源郷に似たストーリーが臨床場面で出現する。筆者はリハビリテーション病院臨床で，脳障害を患った患者さんから，何度も「三途の川を見た」という話を聴いた。三途（地獄道，餓鬼道，畜生道）の川には「トンネルを抜けたところにあるお花畑」のイメージがある。「トンネルを抜けたところが光っていて眩しい……。よく見るとお花畑があった！」という話があった。宇宙創成時のビッグバンは光と関連するが，光やお花畑には魂に近いイメージがある。光やお花畑の物語は桃源郷にも登場する。仏教のみならず，この世とあの世の境界に川が横たわっているという話は神話を含めて世界中にある。

　このように考えを巡らすと，自分という主体は常に思いの溜まりどころをもちながら，時空間を得てさまざまな体験によって創られた心のありようだといえる。自分描画法における「自分像」は，描画時に抱いている今の自分のイメージに深く関連していると考えられる。しかし自分は，さらなる体験を経てまた変わっていく。月日を経て自分描画法を実施することの意味は，その都度変わりつつある生の自分に出会えるということにある。

4　自分像のとらえ方

　人は誰でも自分像を描くわけではない。よく見られる次の3つのケースについて，説明を加える。

①自分は空間に漂っていて用紙に描くことができない場合（鳥瞰的自己を想定）
　遠目に自分を見る自分を登場させ，おそらく「客観的に冷静にみる自分」や「傷

ついたとしても直接的に害を受けない自分」を思い描いているのだろう。「描けない」ことの意味については，自分描画法がすべて終わってから聴くと良い。以下③の意味での「描けない」もある。

②自分がよくわからないので描けないと言う場合（多面的自己を想定）

　自分像を上手に描こうとすると，描けないことが多い。この場合は，「全体像でなくてもいいです。これが自分だってわかれば，文字でも記号でも，描き方は何でもかまいません」と教示する。

③自分像は描きたくないという場合（否定的自己を想定）

　「自分を描くと自分との対面となり，自分に自信がもてない自分はいっそう不安になり，恐怖感をもったりする。これは避けたい」という思いが背景にあったりする。強調されると，自分抹消という場合も考えられる。

　自分描画における自分像の意味について，表3-1に示す。これらはセラピストにとっての来談者の心理アセスメントの指標となるが，面接場面では表3-1の説明を咀嚼し，これを対人的認識の対話ツールとして用いる。解釈のみで面接を終えたりすること，ましてや意味の断定はセラピーに危険性をもたらす。セラピストは自己像描画についての自分自身のとらえ方を伝え，来談者が自分像の真なる意味を同定していく。面接場面では，これを基本とする。

5　自分像描画の空間位置のとらえ方

　空間位置の検討は，触発が起こった場所に関連する。自分像は用紙のどこかに描かれる。自分描画法における自分像の空間位置の見立てについて，図3-1に示した。

　自分像が4つの領域に収まらない場合は，最も広い領域を占めている領域はどこかをみて，描画者の心の理解に努める。縦の座標軸は「気づきの早さの度合い」を示し，横軸では「思いが外向または内向のどちらに向いているのか，その度合い」を意味している。心の理解を深めるためには，下記の説明を理解した上で座標軸での度合いを見計らい，さらに向性（外向×内向）を重ね合わせて，描画者の総合的な心の理解に迫る。

①「気づきが早く」て，思いの向きが「自分以外の方向」にある人

表 3-1　自分像のとらえ方

自分描画	身体の描画	身体全体の描画が多いが，顔だけの描画もある。身体全体を描く場合は，とりあえず問題なしととらえる。顔だけを描く場合は，対人意識の発達から，見られる自分に敏感になっているととらえる。頭部と肩までの描画には，自己紹介の意味がある。前向きの自分像の場合は自己紹介をする，後ろ向きの場合は自己紹介をしないという意味として受けとめる。稀に気になっている部分（例：腹部，手，脚，目）だけを描く人もいる。その部分に関心があるというメッセージとして受けとめる。身体が大きく描かれている場合は，心理的に安定状態にあることの報告，自信感や攻撃性など，外界へ何らかのメッセージが発せられているのかもしれない。セラピストはこのメッセージを読み取ることが重要である。身体が小さく描かれている場合は，自己防衛としての自己保護もしくは何かしらの負い目を抱いているかもしれない。来談者の声をよく聴くことが肝要である。
	身体の向き	自分像が前向きに描かれている場合は外界とのふれあいを，自分が後ろ向きに描かれている場合は内界とのふれあいを想定する。
	容姿	日常の身なりを基本とする。非日常な容姿（例：侍の姿，裸）で自分を描いた場合は，今非日常な自分でいるというメッセージだと受けとめる。面接の場で来談者はどのような姿でいたいのか，面接の中で聴くのもよい。
	頭部の描画	頭部には脳がある。脳は知的活動を生み出し，社会や自分自身とふれるための自己統制能力を生み出す源としてある。頭の大きさが，他の身体の部分と釣り合いがとれているかどうかが重要である。不釣り合いに頭部が大きい場合は，知的な問題を抱えているか，対人的・対社会的な問題を抱えているか，または自己統制能力に絡む問題を抱えているかなどを見極める。逆に不釣り合いに小さく描かれている場合は，自己縮小感が背景にあるととらえる。
	顔の描画	顔から表情を読み取る。表情を作る目や口の動きは，感情と深く関わっている。描画の上手下手は問題にならない。今自分はどのような感情をもっているのか，その手がかりの一つを顔の描画から受けとめる。セラピストが感じとらえた表情を伝え，来談者に確認する。たとえば，「なんだか苦しそうな表情に見えますが…」と，解釈せず見た通りの印象を伝える。その後来談者が自分を振り返って，たとえば「苦しいというよりも，痛い！という感じです」というように，より適切な応答をするはずである。セラピストは，適宜これを繰り返す。また横顔は方向によってとらえ方が変わる。用紙に向かって右側に顔が向いているときは外界と接する時の顔，用紙に向かって左側に顔が向いているときは自分自身と接する時の顔と考えられる。顔に斜線が引かれ，目鼻口がよく見えない場合は，心理的距離をとっているととらえる。
	身体の動き	サッカーや野球といった動作中の絵は，弾む心を感じさせる。どのように弾んでいるのかは，自分描画全体を見て判断する。肯定的な弾みばかりでなく，過剰に期待されている自分に応えている姿とか，弾みはパフォーマンスだと割り切っている場合などもある。面接では「どのように弾んでいるのか」を聴くとよい。一方前方を向き，じっと立っている動きがない自分像もたくさんある。これは単に自分の広がりまで描かなかったということであり，「そこに在る自分」の絵だととらえる。

　Ａさんは典型例である。自分自身の心の変化に気づき，かつ自分の心の目は外界に向けられる。動的に振る舞うが，心理的にバランスが取れた状態にあると見られる。

②「気づきが早く」て，思いの向きが「自分自身の方向」にある人
　Ｂさんは典型例である。自分自身の心の変化に気づき，かつ自分の心の目は自分自身に向けられる。静的に振る舞うが，心理的にバランスが取れた状態にあると見られる。

③「気づき」がゆるやかで，思いの向きが「自分以外の方向」にある人
　Ｃさんは典型例である。自分自身の心の変化に気づきにくく，かつ自分の心の目は外界に向けられる。動的に振る舞うが，心理的にバランスが取れた状態にあるとはいえない。

④「気づき」がゆるやかで，思いの向きが「自分自身の方向」にある人
　Ｄさんは典型例である。自分自身の心の変化に気づきにくく，かつ自分の心の目は自分自身に向けられる。静的に振る舞うが，心理的にバランスが取れた状態にあるとはいえない。

　ここで鍵となるのは「気づき」と「理解度（わかる）」の関係である。自分描画法では気づきと理解度は異なる性質をもっていると考える。
　日常生活では，「気づき（感覚・直観等）」→「理解（思考・感情等）」→「行動化」の流れで人の心にふれることが多い。気づいてそれが何かがわかり（理解し）行動化に至る人がいれば，気づいてもそれが何かがわからなくて行動に移せない，気づいていても納得できず行動化に至らない人もいる。自分描画法では思いをつかみ，収めた人が，その後行動化するかどうかはその人自身に委ねる。自分描画法では，「気づき（苦しむ→ふれる；多くの場合，" 〜に "で表現される）」→「理解する（つかむ→収める；多くの場合，" 〜を "表現される）」までの過程を丁寧に扱い，理解の深さ，つまり理解度は行動化のありように深く関係するものと考える。

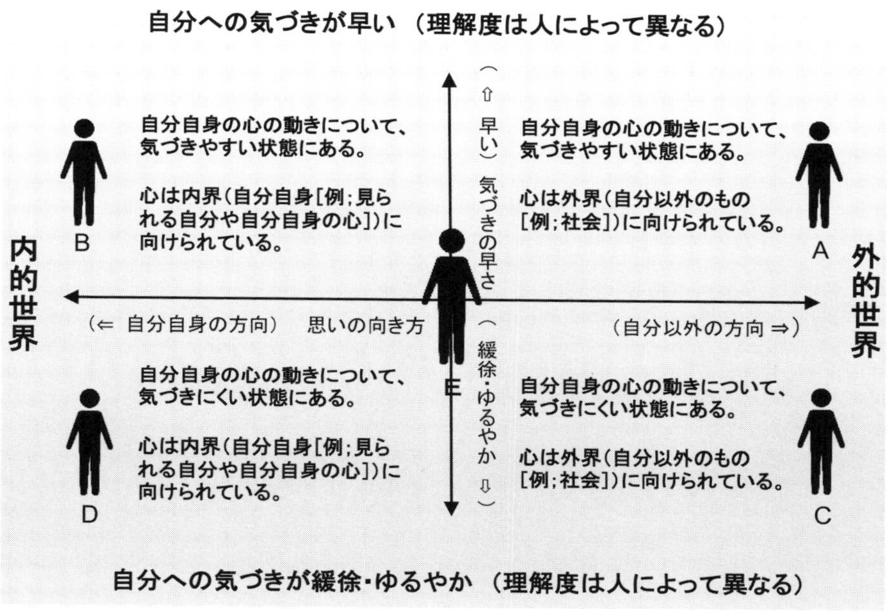

自分への気づきが早い （理解度は人によって異なる）

図 3-1　自分描画の空間位置に関する理解 （何がそこに自分を描かせたのか）

自分描画法の4要素

　自分描画法では「自分」，「気になるもの」，「背景」，「隠れているもの」の4つの心理的要素を取り上げる。この4要素の関係を図3-2に示した。

　自分描画法の主体は「自分」である。他者は「自分の中のイメージとしての他者」であり，実際には眼前に他者の姿はない。自分描画法は，セラピスト同席のもと，イメージを用いて進めていく。キャンバスはこの「自分」であり，そこにいろいろなことを描き加えていく。美術の世界ではキャンバスは油絵に用いる画布を意味する。人は油絵具やアクリル絵具を用いて，画布に絵を描いていく。この場合，「自分」は描かれる支持体となる。支持体である画布にいろいろと描き加えていく中で，"今"の自己像にふれる，その自己像をつかむ，そしてその自己像を心のどこかに収めるという心の動きを体験する。

　自分描画に描き込むのは「自分」「気になるもの」「背景」「隠れているもの」の4つである。自分は主体であり，描き手を言う。自分の絵は今の心理的状況によって変わる。自分は用紙の真ん中にいて正面を向いて描き手を見つめる絵，横向

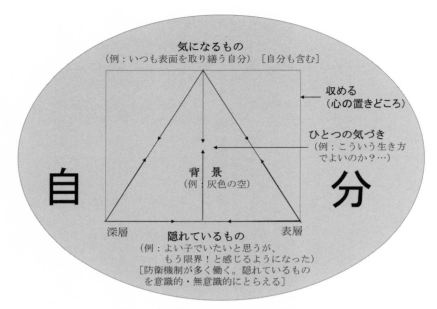

図 3-2　自分描画法における４つの要素の関係

きに描かれた自分，隅っこに小さく描かれた自分，空気中を漂っていて絵の中には描かれない自分，棒人間の自分など，その自分がその後の「気になるもの」「背景」「隠れているもの」の絵を描かせる。気になるものとは，今自分の心をとらえているもの，もっと言えば浮上しているひとつの心模様を意味する。自分と関連ある人や物のありかた，つまり自分のそばに気になる人や物を描いたりする。気になるものに「自分」も含まれる点が重要である。背景には，自分が今置かれている心理的環境が描かれやすい。背景として，よく自分がいる場所が描かれる。内側の絵としては自宅の居室，教室，職場などが描かれ，外側の絵としては宇宙，山，雲，道，田畑，家，草，川といった自然風景が描かれやすい。このほか単に色だけで背景を表現する人もいる。この場合，背景は気分や感情を表しているととらえられる。背景の色にどのような意味があるのかについては，バウムテストの見立てに関する記述のうち，色彩評価を参照されたい。そして最後に「隠れたもの」の絵を描く。これは「自分」「気になるもの」「背景」の絵のようにぱっと思いつく絵ではない。自分の心を作動させなければならないという意味で臨床的な問いかけとなるため，描き手の多くは軽いショックを感じる。「えっ！……」と多くの描き手はつぶやく。「あれ！　この絵のどこかに何かが隠れています。何が

隠れているのでしょうか……。よーく考えて，何か思いついたらその絵のどこか
に描いてみてください」という教示は，伝え方が重要であり，多少感情を込めて
描き手に伝えるようにする。最初に主体を明確にするために自分像を描き，その
後,意識の表層から深層へと描画を進めていく。「隠れたもの」の多くは深層にあ
たる。しばらく考えてから思いつく内容が多い。

　次に「気になるもの」と「背景」の関係であるが，「背景」は「気になるもの」
にもなりうる。今，「教室風景」を背景，「ある生徒」を気になるものとする。あ
る生徒に注目すれば，教室は霞む。背景である教室は，生徒を浮き立たせるため
に用意されたものとなりがちである。逆に「生徒」が背景となり，「教室」が気に
なるものとなる場合，背景には不特定多数の生徒が描かれがちである。教室が気
になるものとなった場合，描き手の生徒は「誰々と会いたくない」ではなく，「教
室に入れない」と訴えたりする。気になるものとしての「教室のイメージ」が，
「学校」に拡張されると，生徒は「校門をくぐれない」と訴える。この場合，「気
になるもの」と「背景」は図－地関係にある。悩みの重篤度により，気になるこ
とと背景が入れ替わる。心の病が重たくなると，人は背景の不明瞭さ，大きさ，
広さに圧倒されがちだ。「がん」との診断で「人生尽きた」と落胆する人がいる一
方，「治療に専念する」と人生の次を考える人もいる。「気になるもの（がんとの
診断）」と「背景（人生に向き合う態度）」は，双方向的に作用している。

　自分描画法における 4 要素の概念図を，図 3-2 に示した。図 3-2 では，自分描
画法の理解を深めるために，「よい子でいるのが苦しくなった」と訴える 21 歳女
性の事例を取り上げた。彼女は幼いころから今日に至るまで，両親から厳しいし
つけを受けた。家庭では失敗が許されなかった。思えば生活は緊張の連続だった。
今ではそれが緊張感だとは感じられず，表を繕うことに鈍感になってしまった。
「これからもこういう生き方でよいのか……」と真剣に考え始めたところである。

　「自分」という心理的世界の中に，「気になるもの」「背景」「隠れているもの」
の世界がある。健康でいるうちは，人は「今何が気になっているか」とか，「背景
は何か」などは意識せず，これらを無意識的に心の内に取り込んでいる。それに
気づくきっかけの一つとして，心理的な不調体験があげられる。「気づきの獲得」
は気づく対象，つまり「気になるもの」の意識化と，気づきを阻害する心の何か
（防衛機制が一例）にふれなければ，気づきに到達することは難しい。気づきを深
める心の作業は，自分描画法のほかに対話療法でも行う。

　図 3-2 では，「隠れているもの」の表層と深層間の双方向的な内的対話の自己促
進を図りながら，同時に「気になるもの」と「隠れているもの」の表層〜深層間

73

の双方向的な対話がある状況を示した。気づきは，「気になるもの」と「隠れているもの」との間の双方向的な対話の結果生じる。図3-2の事例では，彼女は「こういう生き方でよいのか？……」という気づきを獲得している。思いを収める心の枠組み（参照フレーム frame of reference）を，図3-2中に，一例として四角形で示した。人は心の中に，たくさんの思いと心の枠組みをもっている。

《自分描画法ワークショップ》の一例

　以下は自分描画法ワークショップの一例である。このワークショップでは，自分描画法の理解を深めるために，5つの作業を体験する。

テーマ『"思い"を深める5つの作業』

①「思い」を意識する：グループで取り組む。模造紙にあらかじめ描かれた「思い」という文字を使って，何かを書き足していく。できたものを眺め，感じたことを伝え合う
　→"思い"を動機づける

②身体音を聴く：ペアで実施する。自分の身体にふれ，"身体音"を静かに聴き取る
　→"思い"を受け入れる心を整える＋普段気づかないこと（身体音）に気づいてみる

③思いの事例：ペアで実施する。文字化された『〜思い〜』から膨らませたイメージをもとに，ある物語を創作し，相手に気持ちよく聴いてもらう体験を試みる。実際には「熱い思い」，「思い過ぎる」など，思いの前後に言葉を付け加える
　→"文字化された思い"と"対話"が結びつく

④落書き事例：ペアで実施する。画用紙とクレヨンを用意し，互いに用紙に「落書き」をする
　→落書きに込められた思いが視覚化される。"絵で表現された思い"と"対話"が結びつく

⑤自分描画法：各個人で実施する。画用紙とクレヨンほかを用意し，教示に沿って絵を描く
　→"絵を描きながら対話を試みる"（描画が対話に溶けこむ）

⑥共有体験：全員集合。本研修で気づいたこと，学んだことなどを何人かの代表者が発表し，ファシリテータが総括し，参加者全員と思いの共有を図る

1　「思い」を意識する

①目的：「思い」について想起し，「思い」に対する動機づけを高める。
②セッティング：各グループ（5名くらい）で実施する。1枚の模造紙を配布。クレヨン・色鉛筆・色マジックなどを使って，各自が何かを順次描き込んでいく。その際，お喋りをしながらまたは話し合いながら作業をしてよい。
③展開：
1）各グループ（5人1組程度）に分かれる。
2）各グループに模造紙1枚配布する。
3）各グループの1名が，模造紙に「思い」という文字をマジックで書く。
4）各グループ全員が「思い」と書かれた模造紙に向き合う。
5）皆が「思い」という文字に，絵や文字など何かを描き加えて思い浮かんだこと（一つの思い）を各自，書き留める。
6）書き留めた一つの思いを，各自がグループ内で発表する。お互いに感じたことを話し合う。
7）各グループから代表1名を選出。すべてのグループ成員がいる場で発表し，思いの共有を図る。

　図3-3は，2003年北海道臨床心理士会で，筆者が『対話療法ワークショップ』というテーマで研修を実施したときの参加者の作品である。「思い」の「心」の部分を利用して家を描き，田の字部分は文字通り田んぼ，「い」の文字の部分は橋の欄干として描いた。思いの中央に人が一人立っていて，前方にハット帽子をかぶった男性が家の前に立つ人物に向かって歩いていく場面が想起される。参加者が全員臨床心理士であったためか，完成した絵には川，山，田，道，家，木，人，花，石などが描き加えられ，「風景構成法」の絵と似た絵となった。

図 3-3 「思い」の想起課題例

2　身体音を聴く

①目的：「思い」を受け入れる心の準備作業と，普段気づかないこと（身体音）
に気づく体験。

②セッティング：ペアで実施する。

③展開：

1 ）心臓の鼓動を聞く（実際の音声）：心臓に手をあてて静かに鼓動を聞く。普
段は聞えてこない音なのに，不思議と不安感が高まると聞えてくる。参加者
は「普段は聞えてこない音が聞こえる」体験をもつ。

2 ）岩手の民話「ピンパラリン姫」を聴く（朗読はファシリテータが行う）。な
お，民話の内容は次のとおり。方言および一部用語を標準言葉に変えた。

　昔あるところに美しい３人の姫がいた。長女と次女の姫は大変なおしゃれ姫で，自
分を美しく見せようとして毎日顔をこすってみたり，着物を取り換えてみたり，鏡を
のぞいてみたりして，一向に仕事をしなかった。三女の姫は，姉たちと違って心がけ

のよい姫で，自分の身なりにはかまわずに一生懸命働いた。いつも機場に入って，「トンカラリントンカラリン」と機を織って，良い反物を作った。それは家の足しになっていた。その姫は黒髪を長くたらし，髪はけずるたびに「ピンパラリンピンパラリン」と鳴ったので，ピンパラリン姫と呼ばれていた。

　ある日，よれよれ姿の目が不自由な物乞いが，「泊めて下せぇ」と言って立ち寄った。長女と次女の姫は「汚い。物乞いなんか泊める家ではないッ。さっさと出ていけッ」と言って追い返した。そのとき機を織っていた三女の姫が通りかかって，「かわいそうに。粗末なところでも良かったら泊まっていって」と言って釜場に案内すると，あったかいイモを持ってきて食べさせた。

　朝になり物乞いは「ありがとう」と言って，首にかけていた文銭をはずして姫に手渡すと，「ときどきオレを思い出してけろ」と言って別れた。「私にはあなたに上げるものが何もない。私の髪はけずるたびにこのように鳴るのです。おなぐさみに私の髪の音を聞いていって」といって，髪をけずり始めた。姫の長い髪から音楽のような音が流れ出て，いっとき2人を包んだ。三女は別れてからも文銭を大切に持っていた。それを見て姉たちは「あんな汚い物乞いからそんな物をもらって」と言って笑いものにした。

　ある日，青森のお城から使者がみえた。「こちらの姫をぜひ奥方に迎えたい」と言った。姉たちは「私が嫁ぎたい」と言った。使者は「3年前にわざと物乞いに身をやつして参ったのは，実はお城の若殿でした」と打ち明けた。姉たちは諦めるよりほかになかった。

　現れた姫は，機織りのオサを手に，静かに髪をくしけずった。それは「ピンパラリン，ピンパラリン」とそれは天女が鳴らす調べのようだった。姫はお迎えの籠に揺られて，青森のお城の奥方に迎えられ幸福に暮した。お城からは月のよい晩には「ピンパラリンピンパラリン」と幸せそうな音が聞こえてきた。

（高橋貞子編著（1978）「まわりまわりのめんどすこ―続・岩泉の昔ばなし」より）

……この話を聴いたあと，参加者は思ったこと，感じたことをメモにする。その後，そばにいる人と，感想を伝えあう。

3）各自が自分の身体を使って，以下の課題を順次体験する。

・身体にふれたとき，耳を澄まして聞えてきた音をそのままノートにする（例：ドッキンドッキン，キシキシ，ガガガー，サラサラ）。

・もう一人は相手のしぐさを観察し，そのとき自分が感じ自分に伝わった音をそのままノートに記す。課題は以下の9つ。互いに，順次ノートに書きこんでいく。

「両手をこする→頬にふれる→髪にふれる→首を上下に曲げる→首を左右に曲げる→うなだれる→姿勢をただす→右手で何かをつかむ格好をする→左手で何かをつかむ格好をする」

　４）すべてが終わってから，お互いにノートを見せ合う。そして気づいたことについて話をする。話の内容は「エピソードにはふれず，受けた感じに焦点を置き，お互いのプライバシーの許す範囲内の話とする。

　５）それが終わったら交代し，同じことを相手の人が体験する。

　６）最後に，「身体にふれたとき，身体がかもしだす音（例：身体が怒っている）について，体験談を交えて互いに話し合う。

　７）グループを代表して，何人かが実習内容について発表し，共有を図る。

3　思いの事例

①目的：文字化された「思い」と「対話」を結びつける。

②セッティング：ペアで実施する。各自，配布された画用紙１枚（中央に「〜思い〜」のみ印字済み）と筆記用具を用意する。

③展開：

　１）『〜思い〜』と記された「思い」という言葉の前または後ろの部分を思いつくままに書き加える。最初にＡさんは前か後かの空欄に文字を埋め，その言葉からイメージした物語をすぐに相手のＢさんに伝える。

　　　例：（熱い）思い→「高校時代，サッカーに明け暮れていた。なんとあの頃はエネルギーがあったものか……。今はちょっと枯渇気味です……」

　２）ＢさんはＡさんの言葉に対して，わきおこったことをＡさんに伝える。実際にはＢさんは，次のような応答を行う。以下に例をあげる。

　　　「何かに夢中になりたい？（その人の心理的状況を聴く）」

　　　「エネルギーを発揮し続ける人間とはどんな人間でしょうか……（人間に対する見方にふれる）」

　　　「何が大事だと考えているのでしょうか……（相手の人がもっている価値にふれる。例，いつも全力を尽くすこと）」

　　　応答することによって，Ａさんは間接的に“自分という人間”にふれることになる。

　　　徐々に移り変わる話に「〜思い〜」というタイトルを互いが話し合ってつけていく。

　３）以降，Ｂさんは対話の中であらわれたＡさんの思いを伝え返していく。

4　落書き事例

①目的：「絵で表現された思い」と「対話」が結びつく。

②セッティング：ペアで実施する。各自が画用紙１枚とクレヨンを用意する。

③展開：

　1）一人が次のように教示する。

「この用紙に，自由に落書きしてください。何を描いてもかまいません」

　2）一人が落書きを終えたら，次の質問を行う。

「この絵に題名をあえてつけるとしたら何になりますか？」と題名の確定を行
　う。

「これはどのような落書きなのか，教えてください」と落書きの内容を聴く。

　3）次にもう一人の人が落書きをする。教示内容および手順は同じ。

　4）2人が描き終わってから，お互いに描いた絵について説明する。

　5）この実習で感じたことを互いに伝え合う。

　落書きの主たる構成要素は「気になるもの」であり，「背景」は次に描かれやす
い。しかし「自分」と「隠れているもの」は思いが深まらないとなかなか描かれ
ない。また落書きは，「自分」「気になるもの」「背景」そして「隠れているもの」
の4つの構成要素で多くが占められていて，落書きは構成要素の断片が描かれる
に過ぎないことがわかる。

落書きの2事例

　① 74歳男性の落書き（図3-4）

　自己像「よい状態へと変化することを願う自分」

　気になるもの「いい状態」

　背景「鳥や海辺」

　隠れているもの「いい状態に行くにはきつい。急な階段を上らないといけない
……」

　題名「階段上り」

　物語「いい状態がある。そこに登るには階段がある。人の言葉が信じられます
か？　高みへと昇っていくのは大変なこと。鳥がいたり，ときには階段を踏み外
すこともある」

　絵は「向上心」を表している。

　② 75歳女性（図3-5）

　自己像「これは目じゃない」……自分は意識されず。

　気になるもの「ただ気分のおもむくままに描きました」……気になるものが意
識されていない。

図 3-4　74 歳男性の落書き

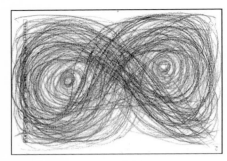

図 3-5　75 歳女性の落書き

背景「ない」という。「だんだん楽しくなってきた」
隠れているもの「今そのときの高揚心」
題名「高揚する心」
物語「なし」……「この絵は物語がない」とのこと。
絵は「高揚心」を表している。
　この落書きでは，「自己像」「気になるもの」「背景」は描かれず，「隠れたもの」
のみの絵となっている。「高揚心」という隠れた感情がこの絵を描かせたと見立て
る。落書きには，「自己像」「気になるもの」「背景」「隠れたもの」のいずれかが
描かれることが知られている（小山；2020a）。

5　自分描画法

①目的：「絵を描きながら対話を試みる」（描画が対話に溶けこむ）
②セッティング：個人情報が含まれることがあるため，各個人で実施し絵を見
　せ合うことはしない。画用紙とクレヨンを用意する。教示は，ファシリテー
　タが描画の進み具合を見計らいながら読み上げる。
③展開：

1）自分像の描画：身体全体（動きを加える）と顔の表情を描く。
2）気になっているものの描画：今，気になっているもの（人，物，身体，自然等なんでもかまわない）
3）背景の描画：①と②にぴったりする背景を，クレヨンか色鉛筆などを使って描き加える。
4）隠れているものの描画：この用紙のどこかに何か隠れている。それは何かをよく考え，思いついたら描く。その際，絵でも文字でも図でもなんでもよい。描く内容はなんでもかまわない。制限はない。
5）絵をよくみて，一つの物語を創作する。
6）最後に「題名」を付ける。
7）自分が描いた絵について，気づいたことがあればメモする。

自分描画法の事例（30 歳女性）
　自己像「中央に笑っている自分がいる。周辺に家族がいて，それぞれ何かをしている」
　気になるもの「いつも自分の身の回りにある物や事。好きな本，勉強道具，料理，仕事の様子，習い事」
　背景「黄色，紫色，ピンク色」
　隠れているもの「家にいるスイッチが切れた自然体の自分とベッド。私は夜に日記をつけている」
　題名「一日の私」
　物語「毎日同じことを繰り返している私のある一日の物語。家の外に出たら自分に気合を入れる。今日も朝から夜まで休むことなく動き続けて，明日の自分へとつなげていく。5 時半起床，睡眠時間一日 3 〜 4 時間，土日は 6 〜 7 時間の睡眠時間。これで体調を調整している」
　振り返り「自分の生活を振り返ることができた。絵は上っ面で，きれいに描きすぎた。苦しみの対象は描くが，中身をごまかしている。どんな部分にもつらい部分や苦しいことがある。でもいいところだけを描いて，色でごまかした。現実は，私の服装は暗いが周囲は明るい感じ。私は家ではしゃべらない。（自分描画法は）色を自分で変えられる。上には色があるが，下方にいる自分には色がない。つまり飾らない自分が表されている。私は色にこだわる。黄色は太陽みたいに明るい。勉強と小説は紫色。気持ちの変動があるところなので薄い紫にした。料理はよくできたなと思えることがあるので，ピンク色にした。（箱庭は）もともとお

図3-6　30歳女性の自分描画法

もちゃに色がついていて，色を変えることができない。選択の自由度が自分描画法よりも低い。私は絵を描くのが好きなので，自分描画法の方がなじむ」

6　共有体験

全員が集合し，代表者が「本研修で気づいたこと，学んだこと」について発表する。

最後にファシリテータが研修の総括を行う。

子どもの描画発達

美術教育の東山ら（1983）は，ローエンフェルド（1956）を始めとする描画発達段階仮説を整理し，1歳半〜18歳までの子どもの描画発達を取りまとめた（図3-7）。

1歳半〜2歳半までのなぐり描きの時期には，身近な人が何か描いているのを見て真似て描く。しかし運動機能のぎこちなさから鉛筆やペンなどを持って振り回す。2歳半〜4歳の幼少時期は，描いた絵に題をつけることができる象徴の時期とされる。5〜8歳の幼稚園・保育園児は図式的に絵記号で描く。空は上，土は下といった空間表現にルールをもつ。決まった同じ形の家，船，花など，絵記号を組み合わせて絵を描くようになる。8〜11歳の小学生は，たとえばハンドルを強調した自転車の絵のように，関心ある部分は詳細に描くが，全体的構成にはアンバランスがある場合がある。この時期は写実期の黎明期と呼ばれる。11〜14歳の中学生になって，客観的描画が可能となる写実期に入る。14〜18歳の思春期に入ると，これに美的感覚など芸術性が加わり，描画発達は完成期を迎える。つまり，18歳頃には，大人と同じような絵が描けるようになる。東山らは「絵の発達段階の区分は一般論であって，子どもの絵を指導する一つの目安と考えてほしい」と付記している。

林ら（1973）は，樹木画の発達段階については，大まかに見て，錯画期（なぐりがき期，スクリブル）→（4歳前後）→図式期→（9歳前後）→写実期という

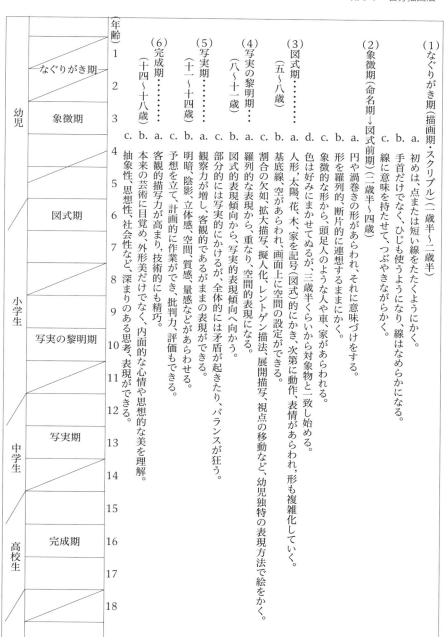

図 3-7　子どもの描画発達（東山ら；1983）

表 3-1　子どもの樹木画の発達状況（愛原；1987）

4歳	木を想像させる絵。幹らしいものはあるが，枝は無くて普通。（象徴期）
5歳	幹が分かれて枝になる。（図式期）
5歳後半〜7歳（小1）	枝が2本以上に分かれる。（図式期）
7歳（小1）〜8歳（小2）	根を想像させる木。地面が描かれる。8歳までは，花・鳥・蝶などの付属物を描くことが多い。（図式期）
9歳（小3）〜10歳（小4）	枝が本格的に分かれる（太い，細いが明瞭）。太陽が描かれることが多い。（写実の黎明期；陰影をつけた立体描写，遠近法に代表される写実画の出現）
樹木画の発達的年齢の見立て（愛原由子『子どもの潜在能力を知るバウム・テストの秘密』；1987 青春出版社，pp.150.）	

3つの段階があるとする点が学術界の共通見解だと述べている。ちなみに図式期では見た通り（写実）を描くのではなく，知識としてあるとおりに観念的に描くのが特徴である。林らは「錯画期と比べて，思い浮かべて描くということが可能となるが，その心像は大人から見ると大変ひとりよがりなものがある」と指摘している。

　ところで，バウムテストは，木をいかに美術的に上手に描くかという点を問うているわけではない。愛原（1987）は，子どものバウムテストの発達について，その概要を提示した。愛原のバウムテストの発達状況を表 3-1 に示した。表内に東山らの描画発達段階を筆者が書き加えた。

色彩の心理

　ゲーテ（Johann Wolfgang von Goethe）は『ゲーテ対話録』（1808）の中で，「光は闇とともに色彩を映し出す。光は魂の美しい象徴にほかならない。魂は物質とともに肉体を作り出し，生命を吹き込む。……純粋な白は光の代理であり，純粋な黒は闇の代理である。プリズム現象を色彩的と呼ぶような意味では，白も黒も色彩とはいえない」と述べた。また「眼は形態を見るのではない。明暗あるいは色彩が浮かび上がらせるものを見る。眼には外から世界がつまり形が，内からは喜びといった人間が映し出されている。内と外との全体性は，眼を通じて完成される」と指摘した。絵画の鑑賞時のように，人は見たいものを見る。人が違えば同じ絵でも感じ方が異なるのは自然なことである。

　ウェザーニュースによれば，虹とは空気中の水滴が太陽光を反射して見える現象で，光が空気中の水滴に屈折して入り水滴の中で一回反射して，さらに屈折して水滴から出ていった時に現れる。光の屈折率により7つに分散し，赤・橙・黄・緑・青・藍・紫色の帯が生じる。しかしアメリカ人が見る虹は藍色を除いた6色であり，ドイツ人では藍・紫を除いた5色だという。同じ色をみていても，その色を表現する言葉の有無によって，虹色の色数が変わるというのは興味深い。

　色は人間の生活とともにある。塚田（1978）によると，人間が色を初めて使用したのは15万年前から20万年前の氷河時代の頃で，死体を赤土に埋めたり，骨を赤く塗ったりした遺物が見られるという。赤い血が流れると死ぬことから，赤そのものに生命を与える力があると信じていたのだろう。赤土や黄土は身体や顔に塗る素材として，また装飾用の顔料としても利用された。スペインのアルタミラの洞窟画やフランスのラスコーの洞窟画には，野牛，野豚，鹿，馬などが壁に赤褐色や黒土や黄土色で描かれている。当時使用されていた色は，「黒，白，赤褐色，黄色」の無彩色系と暖色系で，農耕系の青や緑の寒色系は見られなかった。焼いた骨の粉末から黒を，白堊土（未固結の石灰岩＝チョークのこと）から白色を得て，水や獣脂などと煉り合せた。そのほか植物や動物から採取した色素も用いられたと考えられるが，それらの色素は色あせ残らなかったものと考えられる。赤・黒・黄は土の色であり世界中どこにでも存在するが，赤は身近な血の色でもある。

　塚田は日本の色は縄文式土器の色から始まるという。その色は黒褐色で彩色や彩文には植物性染料が用いられている。染料技術の高さがうかがわれる。現存する色で多いのは赤と黒である。朱漆器や黒漆器は現在でも高貴の色物として重宝されている。古墳時代後期には赤黄黒白色のほか，窯業技術の進歩により緑，紫，

表3-2　主な色の表情（佐藤；1950）

白	歓喜，明快，潔白，純真，神聖，素朴，清楚，純潔，清浄，信仰
黒	静寂，悲哀，絶望，沈黙，暗黒，堅実，不正，厳粛，寂寞，罪悪
赤	喜悦，情熱，愛情，革命，活気，誠心，権力，野蛮，卑俗，焦燥
橙	陽気，華美，積極，躍動，喜楽，温情，我儘
黄	希望，快活，愉快，発展，光明，歓喜，明快，平和，軽薄，冷淡
緑	安息，慰安，平静，知性，親愛，着実，公平，理想，純情，柔和
青	沈静，沈着，深遠，消極，悠久，冥想，真実，冷静，寂寥
紫	優美，神秘，永遠，高貴，温厚，優婉，優雅，軽率，不安

表 3-3　色と心理的傾向の関係（野村；2005 より）

赤	（適正使用）健康，生命力，積極的，外向的，個人で仕事や生活に立ち向かう （過剰使用）平衡失調の徴候，感情的起伏の激しさ，衝動的，刺激的な生活，あふれる性的魅力，野心的
橙	（適正使用）社交的，人懐っこい，陽気，流暢な話し方，おしゃべり （過剰使用）注視されることを好む，気まぐれ，煮え切らない
黄	（適正使用）目新しさを求め自己実現を目指す，明るく抜け目がない，表情豊かでキラキラしている，意見は世論の中心をなす，光彩を放つ （過剰使用）不愉快な人と受け取られる
緑	（適正使用）調和とバランスを図る，希望・回復・平和の象徴，上品で誠実，礼儀正しい，人に好かれる，素直，社会意識がある，道徳心をもつ，社交的で群居性があるが本当は田舎の生活の静寂と平和の方を好む，謙虚で控えめ，辛抱強い，鎮静作用がある （過剰使用）他人に利用されることがある，冷たく孤立した印象を与えてしまう，緑を嫌う人々はしばしば孤独な存在
青	（適正使用）優しさ，母性愛，思いやりと気配り，なごみ，熟考・反省・保守主義・義務の色，我慢強く根気がある，不屈，感性に優れ自制心がある，穏健・休息の象徴 （過剰使用）独善的，自分の考えは正しいと思っている，ときには目的や根拠をごまかす，言葉・行動・服装にひどく気を使う，自己弁護や自己正当性にずば抜けた才能があるがときにはひとりよがりに通じる
紫	（適正使用）天賦の直観力をもつ，はにかみやで臆病，世を忍ぶ，威厳と高貴，文化的志向をもち芸術家に多い，感性が優れている，教養がある，人生を悠々と楽しむ，世間の下劣・俗悪な局面を慎重に避けて通る （過剰使用）高度な感性がわざわいし他人を信用することができない，仕事はいつも固い信念を持ち最後までやり抜く，不可思議でとらえどころがない，気取り屋・キザなタイプもいる，うぬぼれがある，厚かましい
茶	（適正使用）不屈で頼もしい，堅実な精神，「私にまかせなさい」がモットー，危険から身を守る，雑事を秩序正しく整える，はにかみ屋が多く温かい心の持ち主，弱者を助ける，安定した感情，責任感が強い，嫌がる仕事を進んでやり遂げる，他人からあてにされる，精力・忍耐力がある，財産管理に非常に慎重で投機に走らない，正直が人徳となっている （過剰使用）半面人に話を聞いてもらいたいと願う
黒	（適正使用）永遠性，神秘性，荘厳，人を動かす才覚がある，力強い （過剰使用）死や絶望の色，個性を隠す，明るさと素直さに欠ける，関わりを嫌い閉じこもる，権威あるイメージを与えようとする
白	（適正使用）どんな色と組み合わせても調和し活気に満ちた健康的な印象を与える，純粋，無邪気，純真の象徴，青春または青春回帰，新鮮さの強調，普遍性，完全を目指し気高い理想を抱いて努力する，家族思い， （過剰使用）冷たく感情もない不毛の色，一部の人はうぬぼれ屋で孤独なふりをする，人の目にとまり羨望の的になることを望んでいる

灰	（適正使用）用心，妥協，自分のエネルギーを消耗することなく心の平和を探し求める，物事に慎重，真面目，分別がある，洗練されている，控えめに人の役に立ちたいと願う，報酬を望まず懸命に尽くす，浮き沈みが少なくバランスをとって生活を乗り切る，決意すれば輝くことができる （過剰使用）オーバーワークになりがち，現実生活から目をそらし価値あるものを放棄し洞察力をにぶらせ個性を抑圧する，受け身でエネルギーがない，エネルギーがないのでストレスがあるように見える，変化に乏しい生活
金	（適正使用）富の色。至高の理想を抱きおおらかな人徳の持ち主，強力な保護者となりうる，高い見識と誇りをもつ，気持ちがほぐれると指導者としての力を発揮する，みんなの期待に応える （過剰使用）威厳と浪費を好み破滅の原因は途方もない夢，夢が打ち砕かれると外向的性格は一変し内向に転じ自分を責め立てる

紺色などの寒色系も使用されるようになった。佐藤（1950）は卑弥呼が生きた大和時代の衣服の色は，白・黒・赤・黄・青（または緑）だったと述べている。そして，塚田によれば江戸時代には過剰なまで装飾が贅沢（ぜいたく）になり，柱に黒や赤，瓦の一部に金色（金箔），壁色は赤黒白緑青金色等で極彩色に仕上げられた。江戸時代，人は泰平に慣れ，粋な江戸っ子という言葉にあるように，華麗な色を好むと同時に，「濃厚な色を野暮なものとして軽蔑し，渋さとか粋を求める風潮が町人に歓迎されていた」という。

　現代は自分が望む色を作り出せる時代となった。大げさに言えば，人が色を操るようになったといえるかもしれない。都会の街並みは色であふれている。それだけに，使用される色には心理的色彩が色濃く映し出されている。色から心理的傾向をみる色彩心理研究も説得力が増す。色彩の表情については，古来多くの学者，画家，色彩研究家らによって，いろいろな用語で語られてきた。表3-2には，その中から一般に共通している用語を，表3-3には色と心理的傾向の関係を示した。表中の言葉は引用文献どおりではなく，筆者が文章を再構成し羅列的に言葉を並べた。

　一例ではあるが，発達年齢の違いによる色の好みについて，天井ら（1947）の調査結果を表3-4に示した。本節で引用元とした文献はいずれもかなり以前のものだが，色彩研究で知られる西川好夫の『新・色彩の心理』，カラー・シンボリズム・テストを考案した松岡武の『色彩とパーソナリティー』，そして大井・川崎の「色彩」（財団法人日本色彩研究所監修）についても，引用元として天井隆三，佐藤亘宏，塚田敢の文献を基本利用している。色については時代により流行る色はあれども，色を感じ取る人間の感覚に時代差はあまりないのだろう。表3-4に

表 3-4　年齢による色の好みの一例（天井ら；1947）

	白	黒	灰	赤	橙	黄	緑	青	紫
幼児（3〜6歳）				好	好	好	好		
児童（7〜9歳）				好		好	好	好	
児童（10〜13歳）	好			好	好	好	好	好	好
女学生（14〜17歳）	好			好	好			好	好
若い人（18〜20歳）				好	好	好	好	好	
若い人（21〜25歳）				好			好	好	好
若い人（26〜35歳）				好			好	好	好
中年女性			好				好	好	好
高齢女性		好	好					好	好

注）表枠に「好」とあるのが好みの色である。

よれば，赤は幼児〜35歳くらいまで好まれ，橙と黄色は20歳くらいまで好まれる。無彩色や青・紫色は高年者に多く出現する。大多数が好む色は，木や空といった自然界にある緑と青だということがわかる。

自分描画法とバウムテスト

自分描画法におけるバウムテストの評価基準

　コッホに端を発し心理的評価に絡むバウムテストは，日本においては心理臨床現場で長い間利用されてきた。心理臨床家は，バウムテスト自体の評価基準を共通基盤としてもっている。しかし評価表現法は多様であり，どのような評価用語を用いると描画者の評価として適切なのかについては，心理臨床家の感性に委ねられてきた。たとえばコッホは丘や島に立つ幹の解釈として，「孤立，孤独，記念碑のようなもの，不安」のほか，多数の評価用語を示している。事例の心理的評価にあたっては，どのような評価用語が適切なのか……。心理臨床家は自分自身の感性を湧き立たせて，自分の言葉で表現しなければならない。バウムテストが難しい心理テストである理由の一つに，木の評価について，心理的状態（不安等）と心理的内容（記念碑のようなもの等＝比喩）に関する用語が混在していることがあげられる。バウムテストのみの評価を想定しての記述であるから，当然さまざまな評価の視点が入り込む余地があるのはもっともなことだろう。

　では自分描画法に役立つバウムテストの評価基準という観点からは，バウムテストの評価についてどのような用語が適切か。自分描画法で得られるのは，「今現在における描画者の心理的内容（どんなことが気になっているのか，何が描画者を悩ませているのかに関する思い）と感情（喜び，不安，恐怖等の情緒のありよう）」である。不足しているのは，描画者の基本的パーソナリティに関する資料である。バウムテストではある範囲において基本的パーソナリティを把握することが可能だが，詳細な事柄に関しては人格に関する質問紙法テストや投映法テストを実施しないと深めることが難しい。それでもバウムテストは多くの情報を提供してくれる。

　自分描画法におけるバウムテストの評価基準については，表4-1以降に記した。自分描画法では，同時実施するバウムテストについては，描画者の基本的パーソナリティ把握の第一歩としての価値を想定している。バウム画も，自分描画も，

成長・発達とともに変化する。どんなふうに変化していくのか，心理療法の深まりに応じて双方の結果を記録しておくと，成長・発達を把握する手がかりとなる。このとき，描画者の自分自身についての振り返りが深まり，自分自身をつかむことができるかどうかが鍵となる。

バウムテストの創案過程

　バウムテストは，スイスの心理学者で職業カウンセラーでもあったカール・コッホ（Koch, K.；1906-1958）により1949年に創案された。このとき初版のコッホ著『バウムテスト』が出版された。現在我々が手にするのは，岸本寛史ほか訳『バウムテスト第3版』（原著は1957年，誠信書房，2010）である。コッホは1958年に亡くなったので，第3版はバウムテストの決定版となる。序文を執筆した芸術療法学者の山中康裕は，バウムテストの「方法の簡便さと診断力の適格さと深さとに感嘆させられるのは，おそらく私だけではあるまい」と述べ，「解釈にあたっても安易な当て嵌めをせず，慎重に，その表現そのものに沿って，その意味するところを考えていく，深い，思索的かつ真の意味でいう臨床的態度がにじみ出てくるのを実感されるであろう」と記している。筆者もそのとおりだと感じている。

　樹木画を人格診断法として利用した最初の人は，職業コンサルタントのエミール・ユッカー（Jucker, E.）である。ユッカーは文化理解の観点から神話の歴史的考察を深める中で，樹木画テストと偶然出会ったという。ユッカーの手法は直観的理解に基づいてアセスメントするという方法だった。コッホはユッカーの研究に刺激され，1928年頃から職業指導への貢献を想定し，人格診断的補助手段としてのバウムテスト研究を開始した。

　コッホは自著『バウムテスト第3版』で，バウムテストの発明者はアフリカ探検家のスタンリー（Stanley, H. M.）だと述べている。スタンリーは「森は人間の生の典型だ」と指摘した。またヒルトブルンナー（Hiltbrunner, H.）は栄養の観点から，人間と動物の身体はすべてが内に向かって運ばれ，中心の器官によって栄養を与えられ制御される閉鎖系だが，植物は決して成長を終えることがないと述べた。コッホが人格診断の道具として「樹木」を利用した訳がわかる。

　ユング（Jung, C. G.）の文献引用は，論文「メリクリウスの精霊」に基づく。両性具有の怪物の本質は，植物的対動物的，静的対動的，男性性対女性性というように，その二重性にある。二重性が止揚され結合に至る道筋を「個性化の過程」

と呼んでいる。「個性化」とは「他から区別された分割しえない統一体，つまりひとつの全体を産み出す過程」であり，「個性化の過程」とは，「二つの基本的な心的事実の間の葛藤から生まれる過程，つまり発達の過程」を意味する（Jung; 1950）。森は無意識の比喩，木々は個別性をもつ（人間いろいろ），古い樫<ruby>樫<rt>かし</rt></ruby>の大木は森の王，木の根に人格という秘密が隠されている，人格は大地と根の間に捕らえられている，根は無生物の世界で地下の鉱物の領域に広がる，つまり自分はその身体を大地に立たせ，自分という根を下ろしているという発想である。自分を1本の木に置き換えると容易に想像できる。しかしコッホはユングの考え方に基づいてバウムテストを作成した訳ではない。著者の推測では，「バウムテスト」は，コッホが自著で紹介しているユングの『哲学の木』と同じものではないことを認識していたのではないかと思う。これについては，「バウムテストの骨格」の節を参照されたい。

　バウムテストは投映法に分類されるが，コッホは，「人格全体が投影されるとは思えないし，人格の全体像に届くことはまずない。しかし貴重な貢献をしている」と述べている。コッホは本書の随所で，バウムテストの利点と限界を示している。ある専門家が，ある女性のバウム画を見てそれを解釈する場面を想定してほしい。バウム画には5つの実が入ったかごが描かれていた。その専門家は「その実はその女性の5人の子どもです」と述べた。コッホはいう。「そのような論理でいけば，可能性のあることないことすべてを意味づけることが可能となる。そのような技法は許さない方がよい」と述べている。コッホは，「象徴とは，ありのままを見せながら同時に隠すものだから，バウム画と直観で取り組むことは魅力的であると同時に不十分なこと」だと指摘する。つまり，バウム画は比較的短時間で人格像を浮き彫りにすることができるが，人格全体が投影されるわけではないこと，バウム画の価値は，「他のテスト結果の解釈の内容に，いろいろな角度から光を当てることができる」と述べている。ユッカーは職業適性検査の一つとしてバウム画を利用することを考えていた。バウム画は，当初から人格診断の補助的道具として位置づけられていたのである。

　以下，図4-1〜4-4に，年代の違いによるバウム画を例示した。これは筆者の個人事例である。「実のなる木を描いてください」という教示は同じでも，同じバウム画はほとんどないと言ってよいくらい絵に違いが見られることから，バウム画は個性を反映するひとつの証と言えるだろう。

図 4-1　11 歳　小学 6 年生男子

図 4-2　20 歳　大学生女子

図 4-3　49 歳　女性教員

図 4-4　72 歳　男性

バウムテストの骨格

　バウム（Baum）とは，ドイツ語で"樹木"を意味する。日本語における「木」と「樹」には使い分けがある。「樹」は生きている立ち木を意味し，地面に生えている木の総称である。一方，「木」という場合は立ち木を切ったもの，つまり加工した木材製品を含む意味をもつ。つまり「木」には「樹」が含まれる。本書では，「木」を表現するときは文章の兼ね合いで「樹木」と記すことがある。この場合，「樹木」は「木」と同じ意味で使うことにする。

　樹木の育ちは人間の成長発達と似ている。比喩的に述べれば，根（生命力）→地面（意識の境界）→幹（基本的性格形成）→枝（情緒や知性の発達・成熟度）→葉（情緒や知性を彩る気分や感情）→樹冠（自己表現，他者との関わり）となる。多くの木は土中で根が育ち，地表に這い出て上方へと空に向かって伸びていく。木の育ちは母親の元で寝てばかりの赤ちゃん（根に相当）がやがて立ち上がり（幹に相当），自分なりの歩き方を覚え一人歩きをし（枝と葉に相当），その後母親の元を離れ社会と関わり自立する（樹幹に相当）という一連の人の育ちに似ている。

　コッホの『バウムテスト第3版』の第1章のタイトルは「木の文化史から」となっている。聖書創世記から掘り起こし，次にインド＝アーリアで強調される有機的形而上学で語られる世界樹にふれる。世界樹とは，胚としての原自己が上方に伸び，一本の大樹が育ちそれが世界となる。世界は一本の樹から成るという，中世ヨーロッパでは広く知られた宗教および神話に登場する概念である。木の象徴論議の流れで，分析心理学を創設したユングの『哲学の木』の話が登場する。ユングは『哲学の木』の中で，木の象徴について詳述している。しかしユングが扱った木の絵の象徴は，コッホのバウムテストの要領とは異なる。監訳者の老松（2009）が次のように「バウムテスト」と「想像の木」の違いについて述べている。

　ユングの樹木画は「想像の木」であり，アクティヴ・イマジネーション技法の中で使われる。老松の説明によれば，アクティヴ・イマジネーションとは「無意識由来のイメージに対して，主人公である私という自我が意識的にしっかりと関わり，イメージの世界のあれこれと具体的なやりとりをして一つの物語を紡ぎ出すという共同作業」をいう。本技法では「意識の側の要求と無意識の側の要求との葛藤やせめぎ合いが生じ，一種の折衝が重ねられていく。その結果，意識と無

意識間の乖離が多少とも埋められ，個性化のプロセスの目標である心の全体性の実現に近づくことになる」のである。著書『哲学の木』には多数の擬人的な木の絵が掲載されている。老松は「これらの木の絵は，おそらく日常的な心の態度の中から生まれてきたのではなく，アクティヴ・イマジネーションで求められるようなアクティヴな態度が自我（の中）にある場合に，しばしば経験されるもの」だという。このときイマジナーが1本の木になっているユングの木に関する象徴は，そういった前提での木の解釈であることをおさえておくことが重要である。

ユングは神話にある「精霊メルクリウス」という妖精物語の中で，森は無意識に相当し，木は個別性をもち「人格」に相当すると述べている（1943）。帝政期ローマの歴史家タキトゥスは，著書『ゲルマーニア』（AD97〜98）の中で，ゲルマン人はゲルマン神話に登場する風，飛行，疾行，死霊の軍を率いる神であるウォーダン神を特に畏敬される高位の神ととらえ，この神をローマ神話に登場するメリクリウス神に結び付けた。メリクリウスの神は宗教的な性格をもち，神々の最高位に位する。メリクリウスは，水銀を意味するマーキュリーのギリシャ読みでもある。メリクリウスはそれ自身が諸金属の木であり木を育てるが，他方では燃やしもする水の如き二重性を有し，自らの中で対立しあうものを合一させようとする。ユングは，これは個性化の過程であり全体性の実現に寄与すると考えた。

古い樫の大木は森の王であり，無意識の内容の中心的タイプで強い人格を特徴とする。樫の木は非常堅く，適度な粘度もあり，火に耐え，耐久力もある。よって建築資材として使われたり，常緑樹なので防風林として利用されたりもする。古い樫の大木は自己であるセルフの原型（Prototype）であり，個性化の目標の象徴となる。自己は身体（つまり大地に相当）に，無生物の世界，地下の鉱物の領域に根を下ろす。秘密は樹冠ではなく根に隠されていて，根は声，言葉，意識的な意図といった人格をもつ。人はときに根性が汚い，意地が悪いといった人を「性根が腐っている」というが，そのとき無意識的に「根」と「人格」を重ね合わせている。ユングは，根は無意識の源泉ととらえ，枝は太陽の中で育つ。つまり枝は意識の現実化を示唆し，果実は霊の中に育つとする。そして樹冠は，個性化の意識を超えた終着点と象徴づけた。

アニエラ・ヤッフェ（Jaffé, A.）著『ユング：そのイメージとことば』（1977）に，図4-5のような樹木人の絵が掲載されている。この絵はユング派の分析家の治療事例であり，35歳の女性の樹木人である。子ども時代の心的障害による発達遅滞のイメージ画であり，セラピストは自分自身の意志を発達させることについ

図4-5　ユング派による樹木人の事例

て問題があると指摘している。足（根＝生命力）および手（枝＝情緒や知性）の発達と躯幹（幹＝基本的性格）の発達が，バランスを欠いているのがわかる。この絵は，躯幹（幹＝基本的性格）の発達が遅滞しているので，足と手が発達しているように見えるのかもしれない。

　バウムテストを実施するにあたっては，いろいろなことが生じる。たとえば「木が描けない」と言い，描画を拒否する人がいる。今は絵を描くなんて気持ちになれないという人，「このテストで自分の何かがわかってしまうのではないかと思うと絵が描けなくなる」と恐怖感を持つ人もいる。

　描いた絵はどのような絵なのか。なりたい自分を"木"に投影して描いたとすれば，それは描き手の願望となる。描いた木の絵はイメージ画であって，現実にある木ではないとすれば，それはイメージ描画なのかもしれない。この場合は描き手は自分自身に対してどのようなイメージをもっているのかを探るとよい。また現実にある木，つまり写実画であれば，投影的意味は薄くなる。

　バウムテスト実施時，検査者は用紙を描画者に対して「縦」の位置にして手渡す。しかし用紙を「横」に直して絵を描こうとする人がいる。これは検査者や権威に対する無意識の抵抗なのか，検査時の環境に不満を抱いたのか，または性格

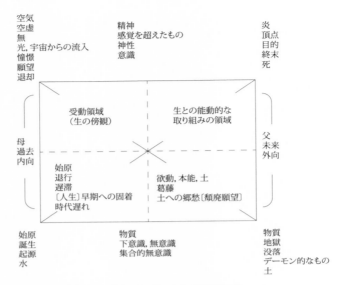

図4-6　グリュンヴァルトの空間図式
（コッホ著／岸本ほか訳，2010『バウムテスト第3版』誠信書房，p.36. より引用）

の視点から，自分を外界に合わせるのではなく，外界が自分に従うべきだと考える性格の持ち主で，自己中心的で順応性を欠き，空想世界に逃避する傾向があるのかもしれない（高橋；1986）。

グリュンヴァルトの空間図式

　美術史家のミヒャエル・グリュンヴァルト（Grünwald, M.）が作成した空間図式は，彼の講義を聴いたコッホが，バウムテスト研究結果による個人的見地を加味し簡素化したものである（図4-6）。この空間投影図式は局在化の構造を示している。心の始原は座標軸の0にあたるところにあり，横軸は過去・現在・未来と時間軸を示し，縦軸は業績・成果・立場などの到達水準を表すと考えられている。心の動きは「周辺から入り込む　対　周辺から出ていく」場合と，「中心に向かう　対　中心から離れる」場合があり，また何らかの関連地点に向かっていく方向があるという。また描画の場である用紙と，生の空間（木が描かれた領域が示唆すること）とが意識的・無意識的に同一化され一致している限りにおいて，グリュンヴァルトの空間図式をバウム画の見立てに適用することができると述べてい

る。空間図式がもつ象徴仮説の適用には，厳しい条件がつけられていると考えてよい。バウム画は，力動的に解釈する点に本来の意義がある。

　自分描画法におけるバウムテストの評価基準を作成するにあたっては，次のような手順をとった。最初にユング著『哲学の木』（1954）に記されたユングの樹木についての考え方を整理し，次にスイスでバウムテスト研究をまとめたコッホ（1957），主に成人の健康者を対象としたアメリカでの成果を示したボーランダー（Borlander, K.; 1977；高橋依子訳；1999），日本での成果をまとめた高橋雅春・高橋依子（1986）のほか，スイスでユングの愛弟子だったカルフ女史に学び子どものバウム画に詳しい愛原由子（1987）の 5 冊を資料元とした。なおコッホのバウムテストに先立って発表された HTP 診断法は，バック（Buck, J. N.; 1949）による。バックは HTP 診断法では，年齢の低い幼児でもなじみ深い「家屋」「樹木」「人物」という 3 つの素材を取り上げ，家屋，樹木，人物は特定の家屋画，樹木画，人物画であるとともに一種の自画像（self-portrait）であるか，あるいは両者の混合だと考えた。HTP 診断法は多くの質問を投げかけることから，他の方法とは趣を異にする。本書では，適宜参考にさせていただいた。

　作業手順は次のとおりである。最初にバウムテスト結果の評価内容をすべて一覧表に書き出した。表を作成するにあたって留意した点は，指摘内容に相違があってもそのまま列記する，言葉は可能な限り原文どおりとするという 2 点である。次に各人が共通して指摘している評価項目について取り出した。その内容に筆者の評価の視点を加え作成されたものが，表 4-1 以降に示すバウムテスト結果の見立てである。これらバウムテスト見立て資料を，自分描画法におけるバウム画の評価基準とする。

　バウム画の象徴解釈にあたっては，いずれの著者も多少なりとも木の文化史およびユング心理学の影響を受けていることから，極端な解釈の相違は認められないが，見立てについて熟読すれば，各人に独自の視点があることがわかる。本書で示す見立ては，この 5 冊における見立てを基にして，筆者が自分描画法研究で新たに得た 1,500 枚あまりの自分描画とバウムテストの比較研究（未公表）で得た知見を加味し，さらに見立てに関する用語を筆者の言葉に改変したものである。よって本書におけるバウムテストの見立ては，引用以外は著者の視点となる。見立てを構成する手順については，これ以降の資料提示にあたっても同様とする。

表 4-1　木の位置の見立て（グリュンヴァルトの空間象徴理論を改変）

1　空間図式の全体的な見立て
画面中心点が４領域のどの位置にあるか，この定点が描画者の視座となる。 中央に描かれた木は安定した心理状態にあることを示唆している。 右側＝外界（自分以外の世界）。男性性が影響を与える。主に現実世界の制約と行為の結果を推定する現実感覚が機能する。 左側＝内界（自分の内なる世界）。女性性が影響を与える。主に現実的イメージまたは非現実的イメージが機能する。 上方＝意識的世界。未来志向強調の場合は，過去や現実に根づかない浮動な心理状態，高い目標をもつが達成は難しいと感じる，空想など代理満足を求める。 下方＝無意識的世界。過去志向強調の場合は，未来への展望が描けず創造力が機能しない，個人にとって気になるものにとらわれる，不安感情を背景とした安定志向的かつ受動的態度をとる。
2　空間図式における４領域の見立て
右上＝外界＋意識的世界［現実の社会関係；実際に現実としてある家庭，学校，職場および社会関係等（例：社会に尽くす）］ 右下＝外界＋無意識的世界［イメージとしてある社会関係；個人の中にイメージとしてある家庭，学校，職場および社会関係（例：家族に尽くす）］ 左上＝内界＋意識的世界［内省的世界，関わりから意図的に遠ざかる，静観的態度（例：思いにふける 対 引っ込み思案）］ 左下＝内界＋無意識的世界［非内省的世界，原初的な身体的・感覚的感性が機能する，関わりから意図せず遠ざかる，生命感に浸る身体感覚（例：気力 対 無気力）］
3　外傷体験を受けた時期の推定法
下はドイツの神経科医ヴィトゲンシュタイン博士（Dr. Graf Wittgenstein）による外傷体験の時期の算出方法［引用：カール・コッホ著（岸本寛史・中島ナオミ・宮崎忠男訳）『バウムテスト第３版』誠信書房，pp.50-54.］ ①木の高さ（height=mm）÷現在の年齢（age）＝指数（index）　→　[i = h/a] 　例：120 mm（h）÷ 40 歳（a）＝ 3.0（i） ②外傷部（切り株等）の高さ（mm）÷指数＝外傷体験時の年齢 　例：外傷部の高さが根元から 13 mm なら，13 mm ÷ 3.0（i）＝ 4.3 歳＝ 4 歳 3.6 カ月≒ 4 歳 4 カ月となる。（４歳のときに母親が死去という既成事実あり） 補記：「外傷」について，バック（1948）は次のように記している。 「被験者の過去における心的外傷が残した“生々しい傷跡”，この外傷体験（エピソード）が起こった時期は，およその測定が可能である。前提となる仮説は，次のとおり。 幹の根元（地面にもっとも近い幹の部分）が幼児期をあらわし，〈樹木〉の頂上は被験者の現在の生活年齢を示す。その根元と頂点との間がその間の年齢を表わしている。 例をあげよう。 被験者の生活年齢は 30 歳であり，幹の根元からその頂上までの距離の約３分の１のところに傷跡があったとすると，外傷体験は９歳から 11 歳あたりで起こったのではないかと想定される。そこで検者は，「あなたが 10 歳頃，何か普通ではないことがありましたか？」と尋ねる。ただ，被検者自身が“傷ついた体験”ととらえている出来事だけが象徴化されると仮定されることから，第三者からみて永続的に傷跡として残っていると考えられる出来事とは必ずしも一致しないことがある」

ボーランダーの空間図式

　カレン・ボーランダー（Borlander, K.）が取り組んだバウムテスト研究の対象者の多くは，比較的心身が健康な成人だった。彼らは普通閾以上の知能を有し，日常生活を比較的順調に送っている成熟した学生と勤労成人である。ボーランダーはバウムテストの詳細な解釈を認めた自著（1977）で，バウムテストは臨床診断の道具ではなく，たとえば不安の背景にあるコンプレックスの存在にふれたり，葛藤状態を明らかにしたりするといった利用法が適切だと述べている。夫婦カウンセリング，職業カウンセリングなどさまざまなカウンセリング場面での利用を想定していること，重症の精神障害者や情緒障害者の描画解釈には当てはまらないことがあるとも述べている。また基礎的概念や用語は，コッホと同じくユング派の分析心理学研究の影響を反映していると述べている。コッホとの違いのひとつは幹の解釈にある。コッホは，幹は下方に存在する本能や無意識の影響を表現しているが，長い幹を描くことに特別な現実的意味はないという。一方，ボーランダーは，幹は情緒生活を反映すると考える。この点についてはコッホの見解と異なる。バウムテスト用紙を横に3等分すると3つの空間区分ができる。ボーランダーは根の部分に相当する下方領域は本能の性質（性・根づき感・幼少期の条件づけ・抑圧された経験・個人的無意識・集合的無意識），幹に相当する中央領域は情緒的生活（意識された反応・社会的に受容される態度・情緒的感覚的経験・否定的態度・原始的な反応・隠された情動），そして樹冠にあたる上方領域は心理的生活（心・知性・想像力・自己開発・認識）を反映すると考えている。しかし根，幹，樹冠の3つの部分が，用紙の3領域と合致しない場合は，まずは木が描かれる用紙の空間領域に付与された象徴的意味に従って解釈することを提案している。

　図4-7に，ボーランダーの空間象徴に関する意味づけについてまとめた（筆者作成）。空間象徴に関する意味づけについては，コッホが記録したグリュンヴァルトの空間図式と似ているが，コッホは空間位置にあまり注意を払わなかったのに対して，ボーランダーは用紙上の位置が基本的に重要だと考えていた点に見解の相違が認められる。

　表4-2にボーランダーの空間図式における木の位置の解釈についての概要を示した。象徴解釈はかなり具体的な記述となっている。

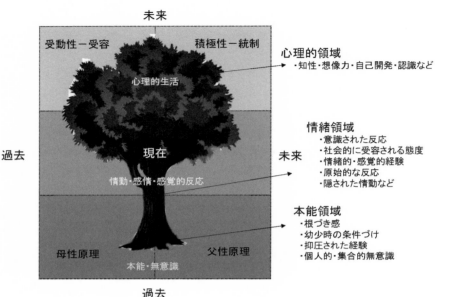

図 4-7　ボーランダーの空間図式（筆者改変）

表 4-2　ボーランダーの空間図式による木の位置に関する解釈

各領域の解釈
・用紙中央左側→支配的な母親の強い影響下で成長。
・用紙中央（用紙 4 端から等距離）→バランスがよくとれている。
・用紙中央右側→父親や他の男性との同一化。幼少時の母親からの愛情欠如。
・用紙中央上方→自我拡張に伴う高揚した自分の空想世界で自信をもつ。
・用紙中央下方→自分について何らかの不適切感が示唆される。
・用紙上方左側（左上）→母親の支配を克服，創造的変化に努力する。
・用紙下方左側（左下）→稀。抑うつや低い自己イメージのサイン。支配的で過保護な母親と関連。
・用紙上方右側（右上）→父親の支配が働いている。エネルギーは独立性の発達に向けられている。ビジネスや政治，科学の世界，理性的な知的職業と結びついている。野心が主要な動機づけとなっている。
・用紙下方右側（右下）→意識された自己不適切感があり，父親を英雄像として尊敬する。父親と対等となろうとする欲求を反映。しかし永遠に目標到達はできないと感じている。伝統を重んじ新しい急進的で論争的なものを拒否する。エネルギーの表現は，直接的な現在に限られている。失敗が怖くて，未来を考えることを通常は避ける。父親の死後に世間的な成功とある程度の自己受容を達成する。父親が死ぬまで父親の影に隠れていたが，父親の死とともに地位を引き受け，管理的技能と自信を発揮する。
木の大きさの解釈【木が小さすぎる場合】

・用紙中央（用紙4端から等距離）
→自分は重要でないと感じている，世の中に圧倒されている，自分の業績に極端な不満足あり，自我力への過度の関心，般化された孤独感。

・用紙中央上方（中央上）
→自立，独立した人。才能ある人は，心理的な業績，人類愛への努力，著作による豊かな想像的才能の実現への強い衝動をもつ，理想主義者，社会改革に関心をもつ，自分がいかに著名になっても自分は孤立していて，社会の変化に影響を及ぼしていないと思うからこそ欲求不満が生じている。

・用紙中央下方（中央下）
→抑うつ感が強い。他者の支持なしに自分を維持しようとする。強いプライドをもち，不適切感を抱いても専門家の援助を求めることは少ない。自分自身に引きこもり，孤立感から逃れるために象徴的な子宮を創造する。孤立ながらも自分の才能を表現することに専念している。現実の経験とは関係なく，他者から拒否されている感じをもち，無力感に悩まされている。自殺傾向が著しいが，その気配は気づかれないことが多い。

・用紙上方左側（左上）
→父親的な支持の欠如。神秘的で非実際的な仕事を追及する。自分の夢を断念させられている。成人の場合，バックの見解と異なり，業績をあげることを積極的に求めている人に典型的。自分に課せられた義務から自由になりたいと空想するが，それは自分に課せられた義務からの受動的な逃避ではなくむしろ代償としての欲求である。

・用紙下方左側（左下）
→子宮回帰への欲求。不適切感があり，受動的，現実対処しない，抑うつ感が被害妄想的感情により高められている。母親像から強い指示がある限り，適切に機能できる。母親像からの保護を失う恐れは，安全性を脅かす。

・用紙上方右側（右上）
→稀。例；孤独感，見捨てられ感。不適切感がある場合は学問で昇華。

・用紙下方右側（右下）
→大きな圧力を受けている。精神病発症前パーソナリティの様相を帯びている。女性を軽蔑。環境との直面に無力感を感じるため，象徴的な子宮を必要とする。閉じ込められた心的エネルギーが無方向かつ不規則な形で解消するため，易怒性を示したり短期間の躁状態になったりする。攻撃性や活動への没頭は効果的に作用せず，怒りを発散しても抑うつや欲求不満を解消できず停滞状態にある。内的混乱は，健常に機能している自我を崩壊させる。

木の大きさの解釈【木が用紙からはみ出している】

・樹冠が用紙上縁からはみ出ている（＝樹冠が用紙上縁で切断）
→若い人に多い。精力的で未来に期待感をもつ。楽観主義，希望をもつ，自分の潜在能力について無限の信頼をもつ，天真爛漫，世界を征服できると感じ，自分が望む目標を熱心に追及する。ときに注意深さに描け，向こう見ずだが，楽天主義は維持され拡がっていく。

・用紙下方の縁で木の下部が消失（用紙下縁に幹から上の木の部分が立つ）
→本能領域と性領域を意図的に拒否し，自己を切り捨てて眺めている。抑制されない性衝動や性倒錯の存在さえ感じられる。

・樹冠の左右と上中央の３方の一部が縁からはみ出ている
→青年期によくみられる。病的な自己中心傾向，躁鬱周期の躁状態を示唆。欺かれやすく，判断が不充分。空想に耽りやすい。

・樹冠が用紙の右側ではみ出ている
→他の男性に影響を受けやすい。ある種の考えにとらわれ，自分の存在すべての中に同化する。素朴な人，批判的判断に欠け，権威的に示された考えを出所に関係なく受け入れる。厳密な意味で，理性的な人とは考えられない。

・樹冠が用紙の左側ではみ出ている
→情緒的にも知的にも女性に影響されやすい。権威的な言葉を無批判に受け入れる。男性の場合は恋に陥りやすい，女性のもつ魔術的な魅力に吸収されてしまう。心霊や非合理的な心理現象に影響されやすい。女性の場合は知的・美的な装いをもつ女性的な活動に没頭しやすい。女性の組織に所属し，自分は文化的に最も洗練されていると思っているが，しばしば俗物で退屈な人。

用紙の使い方の解釈【用紙を横にして描く】
通常，検査者は用紙を描画者に対して「縦」の位置にして手渡す。しかし中には用紙を「横」に置いて絵を描く人もいる。

・用紙を横にして描いた木
→「私が自分自身を変える必要はない。周囲の環境が私の要求にあわせるべきだ」との考えの持ち主。利己主義，可塑性の欠如，空想界への著しい逃避傾向の可能性あり。次の３つの位置がある。

①横にした用紙の左側に木を描く
→父性的な人と接しないかつ母性の支配あり。自分は優越した人間と見る傾向あり。異性との意味ある関係に入れない。成長過程では母親の過度の支持と受容が目立つ，要求の多い人。他者に譲ることも与えることも困難でありながら，他人が自分に奉仕し感謝することを期待している人。

②横にした用紙の中央に木を描く
→両親から甘やかされた一人っ子，可愛がられた末っ子が多い。自己発展するため努力をするが，不釣り合いな見返りを期待しがち。横柄な態度あり。率直で友好的な人であり，何らかの方法で相手よりも優越した態度を維持できる間は，通常このような関係を持続していく。

③横にした用紙の右側に木を描く
→父親の影響が強いが，「父親は非常に良い人だが，自分は父親よりも良い人間だ」と信じている。要求の多い人。業績の客観的価値を考えないで自分の業績を認める人。男性の場合は女性が自分にひざまずくことを望む。女性の場合は絶えず人に言い寄られたいと思い，征服されることを望む。男女とも極めて競争的で，野心や地位への欲求には努力の積み重ねがない。

傾斜した木の解釈

【樹冠の傾斜】

・右側に傾斜
→批判的でだまされにくい。科学的で高度に理性的な職業に人生の方向を見出すか，世間的な努力をするかのいずれか。ものの見方は１つの方向に固定されやすく，目標達成に努力する。知識に偏りがある。

・左側に傾斜
→神秘的なものや歴史，芸術，奉仕などに関心が向き，創造的。しかし厳しい現実の出来事には無関心。

・左下方から右上方へ傾斜（↗）
→思考過程を明らかにし発展させようと努力する感情型の人。知的訓練により自己統制を高めようと望む女性，神秘的経験をもちそれを合理的に秩序づけ正当化しようとする男性，神秘的経験に科学性を与えようとする超心理学者など。

・右下方から左上方へ傾斜（↖）
→仕事の圧力や知的な限界が重くのしかかると感じている。合理的で実際的な世界の厳しい制約からの積極的自由を表す。金融業者になった芸術家，神秘的なものへ向かった科学者など。

【木全体が傾斜】

・全体が右側に傾斜
→児童期に母親の影響を受け，情緒の成熟につれ男性原理が重要になってきたことを示す比較的健康な絵。傾斜が著しい場合は，女性をいたわりながらも見下した態度で話す男性，男性的な活動にエネルギーを傾け，頑固さと権力への欲求が特徴的に示される女性などが例としてあげられる。

・全体が左側に傾斜
→男女ともに健康な絵。成人女性の場合は男性よりも女性をより受容する，男性の場合は感受性があり，芸術，音楽，神秘主義等に関心をもつ。傾斜が著しい場合は，男性の場合は同性の影響を拒否，女性の場合は男性に対する不信感を示す。

描画方法
線（ライン）の描き方＝情緒を表す

【筆圧】
・強い→活動性が高い　対　心理的緊張感がある。
・弱い→控え目　対　不安感がある。

【筆の運び】
・なめらか→軽やか。
・破線をつなぎ合わせる→慎重。
・くねくねとした曲線→困難を切り抜ける　対　不安定さ。
・なぐりがき→無造作　対　乱暴。

【一般的な線の表し方】
・直線→情緒安定のサイン。
・曲線→情緒不安定のサイン。
・破線→外界からの感受性を示す。
　　破線過多の場合は自我境界の問題を考える。
　　不連続の破線は傷つきやすさを示す。
　　不規則な破線の場合は自己不確実性を考える。
　　重ねて描いた破線の場合は強迫傾向を示す。
・波型の輪郭線→防衛的態度。
・スケッチ風の薄い線→正確さを求める傾向等を示す。

・乱雑な線，→全体が乱雑な線の描画の場合は，攻撃性を示す。
→一部が乱雑になっている描画の場合は，一貫性がないことを表す。

幹と枝の描線

・左右不均衡な線（例．左側の幹は波線で描き，右側は直線で描く）→不適応。
・幹の輪郭が波状→適応能力あり。
・単線を短く重ね合わせて一つの線とする場合→輪郭線は内界と外界を分ける境界線であり，その境界が不明瞭となる神経過敏状態。
・幹の瘤→外傷体験（内界から外界へ押し出す）。
・幹の窪み→へこむ（外界から内界へ押し込まれる）。

修正行為

・消しゴムで修正する→正確を期すための通常行為。
・まったく絵の修正をしない→「よほど優れた質でないかぎり，たいていの場合は病的徴候である」（Buck；1948）

木の対称性

・均衡のとれたほぼ対照的な木→一般的で心理的健康を感じさせる。
・機械的で形式的な対称性→不安定感が強く強迫的，感情を抑制し知性化を図る。心理的距離を置いて他者と接する。
・著しい対称性の欠如→不安状態にある。不注意。精神遅滞および脳器質性障害の被検者など不器用で協応動作が上手くできない人，高揚した気分や過活動になる軽躁病やヒステリーの患者に生じやすい（高橋；1986）。

遠近

・「知能水準を区分するのに最適な指標。幼児はその描画で若干の部分を描くが，遠近と釣合はほとんど認識されていないこと，そして子どもが成長するにしたがって，まず部分の釣合関係の認識が進んで表現されるようになり，次にその空間関係の認識が進み表現されてくる。この遠近と釣合の認識が増大してくると，成長期の子どもが描く部分描写はますます正確さを増し，描写の範囲も広がってくる」（Buck, J. N.；1948）。
Goodenough ら（1934）は，形，大きさ，奥行，距離，位置等を知覚する能力は，個人の神経系の問題であること，知覚は統一的でその変化は全体的変化だと指摘した。つまり人は単に見る（merely see）のではなく，それは何かを見る（see something）。その「何」が何かは，その「何」が絶えず変化することもありよくわからないかもしれないが，常にある種の内的統一とまとまりを維持する。
・遠近感がある絵（奥行）→人間関係にも絵に対応する遠近感がある。
・見上げる絵（仰視）→無意識的，身体的な視点。
・見下す絵（鳥瞰）→意識的，心理的な視点。

強調

・積極的強調と否定的強調がある。
　積極的強調→強迫的補強といえる。浮動不安を示す。
　否定的強調→いったん描いた絵の一部または全体を消す場合である。不快感を示す。（Buck；1948）

木の大小	

①大きい木
[用紙内に収まる場合] 存在感と心理的安定感あり。
[用紙内に収まらない場合] 自己肥大，自己中心的，感情起伏あり攻撃的。

②小さい木
[肯定的見立て] 謙虚で控え目，自己抑制。
[否定的見立て] 自己委縮状態，薄い存在感，抑うつ感，退行，依存。
[小さい木が描かれている空間位置]
　＊中央列上→理想を求め努力する。
　＊中央→心理的安定状態。
　＊中央列下→自己不全感あり。
　＊左上隅→積極的に物事を達成しようと望みながら，実行できず空想に走る傾向
　　（Borlander；1977），強い不安や退行を示し，新しい経験を避け空想に耽る傾向（Buck；
　　1948）。
　＊左下隅→幼児期への退行もしくは固着，自己卑小化。
　＊右上隅→消極的な人間関係の樹立志向。
　＊右下隅→孤立，ひきこもり傾向。

③用紙からはみ出す木→社会的不適応状態

木の種類：常緑樹・落葉樹・針葉樹・広葉樹

①常緑樹→保守的，心理的安定；落葉樹→進歩的，心理的不安定。
②常緑針葉樹（マツ・ヒノキ等）→権威，秩序，尖った性格，少数。
③落葉針葉樹（カラマツ・イチョウ等）→稀有。
④常緑広葉樹（クスノキ・サカキ等）→平凡，温厚，穏やかな性格，多数。
⑤落葉広葉樹（シラカバ・シダレヤナギ等）→標準，無難，特徴なし，大多数。
⑥広葉樹と針葉樹の木を交互に描く→葛藤状態。

根	
根の描画	根を明瞭に描く人は少なく，幹の根元の裾を広げ根と同化させたり，根元に斜線を引いたり陰影などで根を表現したりする。
根の象徴	・木の中で最も長生きする部分で多くの機能をもつ。 →土壌から栄養を吸い上げる→生命の泉の象徴といえる，豊富な無機質や鉱物を含む備蓄物の貯蔵である。 ・木を支える部分。根がないと木は倒れてしまう。 →根は大地をつかんでいる＝根は大地を支える，死んだもの（鉱物や土）と生きているもの（木）とが触れ合う場所，母なる大地といえる（Koch；1957）。
根の描き方	個々の根を一つの線で表現する一線根は，原始的な心性を表す。発達的にみれば知的水準の低さを示唆する。個々の根を2つの線で閉じる，または根の先端を2線で開いたまま描く二線根は，心理的な作為が加わった証と考えられる。

根の見えない部分	・幼児は見えているものをそのまま描くのではなく，主観的な考え，つまり観念にある根の姿形をそのまま描く。 ・成人が過剰に詳細な根を描いた場合は，健常な状態ではないかもしれない。追加の心理アセスメントを実施するとよい。
根元（基底部）の描き方	・根がなければ木は倒れることから，根元部分は自我の安定度を推し量る指標となる。 ・木と根元のバランスに着目する。バランスよく根元が広がっていく木は，健康度が高いとみなされる。 ・木が小さく，根元がやたらと大きい場合，人格が適切に育たず，「やっとの思いで生きている」人かもしれない。 ・根元は植物的には生命力，心理的には心理的エネルギーといった原動力に関係している。
地面がなく，根元が2線描きで下方に開いた木	・浮動不安，自信のなさ，無意識的衝動の入り込み等が示唆される。
2線で描かれた幹の最下方部分が線で閉じられている	・子どもの絵には普通にみられる。 ・成人の場合は心理的安全を図るために，懸念となることを意識的に閉じ込めるのと同時に，自分を閉じ込めることによって，自分に対する不満もたまっている状態を示唆。
幹の根元が広がり，幹の線が連続して地面線となる木	・明確な意図があるわけではない漠然とした状態で，より以上の心理的安定を図ろうと意図的に抑制をかけている。
地面の上に根を描く	・安定した心理状態にある人の場合。 →根をはっきりとは描かない。幹の根元を末広がりで描き，根元に斜線や陰影などを適度につけ，草の存在をもにおわす。心理的エネルギーの流れが適切である。 ・不安定な心理状態にある人の場合。 →根に過度の関心を払い，根を装飾する。無意識領域からの心理的エネルギーの流れを，心理的安全を図るために抑制しようとする。自分自身に確たる自信がない。
地面に食い込むするどい根	・現実不安に立たされ，逆に攻撃的な対応をとろうとしている。
地面を這う根	・無意識的に心理的安定を図ろうとしている。
細分化された根	・無意識的な繊細さがある，異常に気づきやすい人，強迫傾向等が示唆される。
交差した根	・通常は描かれない。根の交差は，心理的不安定状態にある人にみられることが多い。この場合，無意識領域に錯綜とした欲求とその欲求に纏わる感情が存在することが示唆される。

地上にある幹のどこからか，1本だけ"孤立した根"が出ている	・根が2線で描かれ，左側から右へと延びる根の場合は母親との共生関係を求めている。根が1線で描かれた場合は母親を拒否。 ・右側に描かれ孤立した根→男性の場合は，父親の性衝動を含む男らしさに印象づけられ，父親と同化しようとする。女性の場合は，幼少期に父親や兄弟の生殖器に印象づけられた経験を表す。（Borlander；1977）
幹の根元の下に地面線がある＝根が地面から浮き上がって見える	・生命との関係から引き離されたと感じている＝根こそぎ現象。 注）根こそぎ（根元からごっそり。何も残らないほどすっかりという意味。筆者補足→生命感の薄れを示唆。） ・根が爪先立った感じで浮き上がる→足が地についていない，背伸びする傾向あり（見栄を張る）（愛原；1987）。
切り株（木や草を切ったり刈ったりしたあとに残る根元の部分）	・過去への訣別。自分の意思で違った人生へ踏み出そうと決意。 ・心理的外傷体験の存在を示唆。 ・見方を変えれば，過去と決別する意思を表す。 ・切り株に，孫生えが描かれている場合。 注）孫生え（ひこばえ）とは，樹木の切り株や根元から生えてくる若芽のこと。若芽を孫（ひこ）に見立てて描く。 →孫生えがみられる切り株の絵→回復，再出発のサイン。 ・直接地面に植えられた苗木 →無意識に翻弄されることなく回復・再生を図ろうとする姿。
枯れた根	・無意識的な心理的エネルギーの不足状態。現実社会との接触に困難がある。

地面と地面線
地平線が遠くにある場合（根元より上方にある）→先の方をみている。

[地面の象徴的意味]
・地上（意識）と地下（無意識）を分離するものであり，地上と地下をつなぐ接合点でもある（Koch；1957）。

[地面線の位置]
①幹の根元に描かれた地面線→現実を適切に処理，心理的安定，衝動を統制する（高橋ら；1986）。
②用紙の下縁を地面線と見て用紙下縁から木を描く→幼さ，不安定感。下縁を根元と見て斜線で草等を描いた場合は子どもっぽい計画性を認める。
③地面線を幹の根元より高い位置に描く→現実からは遠いところに何かがあるという心理的距離感を暗示する。先方には何かあるかを尋ねるとよい。
④地面線を幹の根元よりも低い位置に描く→木（自分）が遠方にあり空中浮揚しているように見える，現実から離れている自分，居場所のなさ
⑤地面線が描かれない→地面線は世界を二分するための人為的な線であり，地面そのものではない。地面線がないということは，世界を二分して考えることに関心がないさまを示す。それをどうとらえるかは評価者による。

[地面の描き方]
・幹の根元と地面線の融合（幹の両側線が一筆書きでそのまま大地に伸び，それが地面線となる）→若者の場合は，原初的心理状態，自意識欠如，客観化能力の乏しさ（Koch; 1957）
・木の根元を円で囲う（丘や島に立つ幹）→孤独，孤立。円がどこにあるかで意味が異なる。
　円が幹の根元にある場合→孤立感，気になるものは上方にあり見上げる態度となる。
　丘のような弓状の円の上に木がある場合→孤高感，気になるものは下方にあり見下げる態度となる。
・硬い地面→用心深さ。

[傾斜した地面線]
・地面が傾斜している→周囲の支えが弱い，意志が弱い，心理的不安定，何かが起こる徴候。傾斜の違いで意味が異なる。
　左下方へ傾斜（右方が上がる）→何かに取り組んでいるところ。
　右下方へ傾斜（右方が下がる）→浮動不安状態。
注）コッホ（1957）は傾きの左右にはこだわらず滑り落ちる点に留意している。支えの弱さ，意志の弱さのほかに，反感，不信頼，反抗の準備を示唆。

[地面の特殊な施し]
・斜線で地面に陰影を付ける→現実的な衝動統制。
・地面に直接草や草むら，花などを描く→衝動を抑制し環境との調和を図る。
・黒く塗りつぶした地面→意図的な強い衝動隠し。

幹

幹の象徴
→幹の上下の発達から性格発達状況，幹の幅から心理的エネルギーの強さ，幹の上下および幅の対比から自我の強さ（外界との交流状況），幹の上下から体験の時期（下方が幼少時の体験で上方が現在意識されている体験）をみる。
注）ボーランダー（1977）は幹を情緒領域ととらえ，感情の流れを重視している。

幹の根元から先端まで（太いか細いか）
・幹が全体的に太い木→心理的エネルギーの流れが良好。
・幹が全体的に細い木→心理的エネルギーの流れが不良。
＊幹の幅が狭く根元から先端下すべて同じ幅，つまり棒状。
注）5〜7歳の幼児が描く樹木は，身体部分を示す筒上の絵の上部に頭を示す大きな円をくっつけて示されることが多い。幼児は真の樹木の相対的な大きさを知っているが，木を描けと言われれば，筒の上に円という図式的な絵しか描けない（Kellogg；1969）。成人の場合は，型にはまった思考や生命力を欠く生き方が想定される。
・幹の根元部分は円錐型状に広がり幹の先端へと徐々に幹幅が細くなっていく，全体のバランスがよい木→誠実，実直，即行動，単純な心性，実践家。
・幹の根元がかなり細く，上方へと徐々に幹幅が広がっていく場合→脆い心理的基盤の上に見栄えの良い自分を創る，衝動を強く抑制するが抑えきれない場合は感情爆発もありうる。
・上方で2つに分かれた幹→矛盾を抱える，決断できない，両価感情の存在。
・安定感のある太い幹→自信，円満，好奇心旺盛。
・貧弱な幹幅→心理的エネルギーが弱く，自己統制も不完全。
・縦線1本で幹を描く（幹の幅がない場合）→心身の不調を疑う。脳器質性障害を認める場合のほか，心理的エネルギーの過不足，現実検討が困難等，心理的問題の存在について考慮する。

・幹の部分的な膨らみ→発達的な視点から，膨らみが認められる部位に注目する。およその体験時期が把握できる。

幹と樹冠の接合部分
・幹と樹冠の接合の仕方は，感情と理性の交流状況を示唆。
・円い樹冠の下方部分に2本線で幹の両側が描かれている＝樹冠が幹全体に覆い被さる絵（半開放の幹）→理性が感情の流れを自然な感じで隠す，従順，ファンタジー（運球型の樹冠）
・樹冠内部に幹の先端を閉じて描く（閉合された幹）→理性と感情の流れの間に境界を設ける。過剰な感情表出を理性により抑制する。

幹の傾斜と曲がり
・幹が左側へ傾斜→社会から押され気味。
・幹が右側へ傾斜→自分自身無理して社会参加している。
・曲がっている幹→性格発達に紆余屈折がある。
・折れた幹→挫折感。

幹に陰影
・幹の左側に陰影あり→内向性，傷つきやすい。
・幹の右側に陰影あり→外向性，行動化傾向。
・幹を黒く塗りつぶす→自分自身に嫌悪感，不信感を抱いている。

幹の輪郭線
・幹の表面を破線で描く→感受性が強い，繊細，興奮しやすい，神経質。
・幹幅を示す両側の線を波状に描く→適応能力を示す，活気を与える，健康で生き生きした感じ（Koch；1957）
・幹の輪郭線を一線ではなく短い線を重ね合わせて描く→内と外，自分と自分以外を分ける境界が不明瞭，感化されやすく感情移入も起こりやすい。
・幹のこぶやくぼみ→こぶは重病や事故の体験に付随するトラウマまたは強烈に困難を感じた体験などを示す。すでに積極的に取り組み克服されたトラウマであり，相変わらず神経症的に作用しているトラウマを示している例は少ない。これは苦しみの客観的な重さではなく，主観的な体験の強さを表している。描画発達における図式期から写実期に入る8～9歳頃から見られる。
　くぼみは非常にまれだが，一般的には「欠乏内容，劣等内容，罪悪感」等を示す（Koch；1957）。

樹冠

樹冠（茂った葉や分かれた枝の集まり）
樹冠の象徴→対人関係のありかた，自尊感情，自己評価を象徴。均整のとれた形の樹冠は，適応的状態にあることを示唆する。

樹冠の表層の形
　コッホ（1957）によれば，円は外部を排除し内部を一つにまとめる機能をもつ。ユングの言葉で言うと，円は人間的な光の象徴あるいは神的なものの象徴である。円の中には緊張はあるが中身がないのに対して，楕円の中には中身と緊張がある。"円"の象徴には，好みとか生き方へのこだわりといった心理的分化がないおおらかさがある。
・球形→おおらかさ，完結的，受容的，心理的分化がはっきりしない，子どもの絵に多い，未成熟。

- 雲球形→素朴，同調性，想像 対 空虚，現実逃避傾向，夢想。
- ＊雲球形（一般的・普通）を基本として，波打つ形（適応力あり），小刻みに震えるような形（神経質傾向を示す）が知られる。
- 楕円形→上方からの圧力（過度の期待，押しつけ等）で円がへこみ楕円となった，楕円形は上方からの圧力により自分の個性が発揮できない状態を示す。
- 四角形→形式的，保守的。
- 上方へ伸びる点が強調される木（クリスマスツリーほか）→内外からの影響を受けない，自信がある，高い意識づけ。
- 一つの樹木に複数個の雲球形の樹冠を描く→相対する人によって対応を変える，現実認識を保持，複数個の思いあり 対 臆病さ，意図隠し。

樹冠内の枝の描き方
- 何も描かれず→おおらかさ，こだわりのなさ，無でいられる状態。
- 管状の枝が散在している→異なる思いがたくさんあり一つに決められない。
- 枝葉がカール上に描かれる→活動的，華やかさ，対人接触を好む。
- 枝葉が無作為に乱雑に描かれている→もつれた心，心の動きの流れが無秩序。

樹冠部の大きさ
- 大きすぎる→夢想傾向，内在化 対 権威や名声に過敏，行動化。

枝

枝の象徴
- 外界と接触するための「手」の部分にあたる（ふれる・つかむ）。
- 情緒（幹）・知性（樹冠）の発達に伴って成長する環境適応力。
- あらゆる状況に対応する力（枝の描画から対応の細やかさがわかる）。幹から枝が育ち，枝とそこに付いた葉の集まりが樹冠部分を形成する。よって樹幹と幹が描かれていれば，枝が描かれていなくても特に問題としない。

枝の形
- 整合性がとれた枝→落ち着きがある，冷静 対 威勢，冷淡。
- 整合性がとれていない枝→興奮，多動，過剰反応。
- 枝先に横の切断線が引かれ枝先が閉じられている（枝先直）→小学校低学年くらいまでの子どもに多く見られる。能力的にみて，最初の秩序化（Koch；1957）といえる。成人の場合は心理的未成熟が疑われる。
- 歪んだ枝→緊張感，良心との格闘，自己制御の努力，強迫傾向。
- ステレオタイプな枝→図式期の子どもの絵に見られる。12 歳以降では表現力の乏しさ，視界の狭さが示唆される。

葉

葉の象徴（Koch；1957）
- 葉は知性と関連する。

- 葉の描き方により，外面を観察する才能，活発さ，感覚的能力，外面の感受性，承認欲求，装飾の衝動，空想活動，美化などが示唆される。
- 葉を利用した輪の飾り物→冠→勝利の印→勲章とイメージがわく。
- 成長し繁殖し腐敗していくことから生の象徴。
- 木の表面にあって，同時に動かされ，容易に動かせるもの。全年齢で葉は描かれる。

花

【花全般】
・積極的意味→自己肯定。
・消極的意味→現実回避。
・木以外の地面に咲く花→衝動を抑制し，自分を緩和状態に置く。
・木に描かれた花→内面的な審美 対 外面的な装い。
・木に描かれたつぼみ→若さの表現，未来への希望。
・花は最も好まれる姿。短命で，咲いたと思ったら散る。花は生死を告げる。東洋文化圏では花は中心に置かれる（Koch；1957）。
→肯定的意味＝自己賛美，装飾，輝いている，今を生きる，新婚気分。
→否定的意味＝表面に留まる，計画性の欠如，息切れし長続きしない。
・散る花びら→繊細さ，見捨てられ不安。

実

【実全般】
・旧約聖書『創世記』のエデンの園の中央部には2本の木の実がある。
①生命の木の実→成長，豊穣。
②善悪の知識の木の実→理性，思慮分別。
・樹冠内に実が成る→成果，結実，成就。
・落下する実→繊細さの強調，見捨てられ不安の意識化。
・りんご→愛，美，結婚，長寿，旧約聖書では人類の原罪の象徴。
・ぶどう→多産，繁栄 対 酩酊，欲望。

花以外のものの描きこみ

・鳥→明朗，希望。
・木に鳥が止まっている→温和，穏やかさ。
・巣箱→他人に善意を抱いている，他人からの善意を期待している。
・巣に卵が入っている→家庭の温かさと成長。
・空の巣→喪失感，無力感。
・地面に開いた穴→気づいていない部分，こちらとあちらの世界をつなぐもの。

風景の描きこみ（山・丘・太陽，雲，木陰，低木，芝，生垣等）

①バック（1948）の指摘
・一般的には大部分の被検査者はこうした付加的部分（木に止まっている鳥や木のそばにいるウサギなど）を描かない。しかし描いたからと言っていつも病的だとは言えない。これら付加物は実際上豊かな絵にする上で役立っている。

②コッホ（1957）の指摘
・7〜8歳の子どもに多くみられる。
・成人の場合は，精神疾患をもつ患者の自我肥大と関連し，退行傾向を示唆する。
・肯定的な見方→情緒性，まどろみ，空想の活動。
・否定的な見方→現実からの逃避，心理的不確実，抑うつ気分，疲労，不安妄想によって作り出された生または現実の喪失。

子どものバウム画

①コッホ（1957）の指摘
・9～12歳の子どもの描画→鳥，鳥の巣箱，小人，小さなハートなどを枝に置いたり吊るしたりする。その意味は遊んでいる，面白がっている，愉快，おどけ，機知にとんでいる，からかっているなど。
・子どもは，「梯子」の助けを借りて「実」を取って食べる→自分のものにしようとしている。

②林・一谷編（1973）の指摘
・幼稚園児で実・葉を描かないのは，知的または心理的未成熟のサイン。
・8歳（小2）まで枯れ木を描いている子どもの多くは，能力的に実や果実を描くことができない子ども。
・5歳（幼稚園年長）～8歳（小2）になると，実・葉を描くようになる。
・小学校高学年（小4）以降に実・葉がない枯れ木の絵が見られた場合は，情緒的・性格的な阻害が示唆される。

③高橋ら（1986）の指摘
・「小動物（ウサギ，リス）」「昆虫（セミ，チョウ，ミノムシ）」が登場。子どもは「小動物や昆虫と自分自身を同一化」し描く→依存性，未成熟性を示す。
・青年・成人の場合は，子どもと同じような依存性や未成熟生を表すが，ときに自己蔑視を示す。

自分描画法事例

アセスメント事例（高齢者）

　事例：78 歳男性，孫のこれからを自分の人生と重ね合わせる。

　以下，落書き，箱庭制作，自分描画法，空間象徴図の順番で，取り組んだ（小山；2019）。

1　落書き

　時間をかけて丁寧に描く。故郷の風景。右上の用水用の池でレンコンがとれる。手掘り。右下の 2 つの穴は，戦時中爆弾が落ちた跡。川では，素潜りでシジミと，たまにウナギがとれる。蛇もいるが私は蛇が苦手だった。左の畑ではキュウリの促成栽培。川の長さは 1.5 キロもある。左上の山の頂上には平和の塔がある。昭和 15 年に建設された。「私は釣りが大好きだった。川でよく釣りをした。なまず，台湾どじょう，しじみなどをとった。レンコンは手掘り。勉強しなかった……。今思えば，勉強しておれば，違った人生があったのではないかと思う。学生時代，勉強で習ったことはその日のうちにやればいいと思っていた。でもあとでやらず成績は下降。私の人生も下降イメージがある」

　この落書きを思いの 4 つの要素で分析すると次のようになるだろう。

　①自己像→故郷での若き日の思い出に浸る自分
　②気になるもの→釣り，手掘りのレンコン，うなぎ，蛇，勉強，戦争，平和
　③背景→故郷の風景
　④隠れているもの→あの頃もっと勉強していれば，違う人生があったかもしれない……
　⑤題名→人生を振り返る

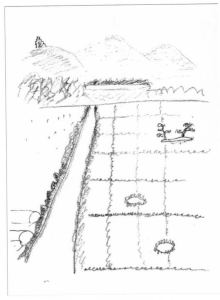

図 5-2　78 歳男性の箱庭制作

図 5-1　78 歳男性の落書き

2　箱庭制作

製作後の振り返りは次のとおり。

①最初どんなものを作ろうと思いましたか？→「供えられた人形等から，田舎の風景を作ろうと思った」

②作っているとき，何を考えていましたか？→「特に考えていない。限られた箱の中に適当に配置した」

③作り終えたときは，どんな感じがしましたか？→「当初のイメージ（田舎の風景）と違ったなぁと思う」

④題名→「田舎のありふれた風景」

⑤感想→「備えられたものから，作りだすのは難しいと感じた。自分が置きたい物がない。自分が最初作ろうと思ったものの大小がマッチしないので変な感じになった」

筆者のコメント→田舎の風景へのこだわりがある。父子が踏切の前にいる。子どもは父親に肩車をしてもらっている。3 人の男の子を育て，子どもは皆大人に

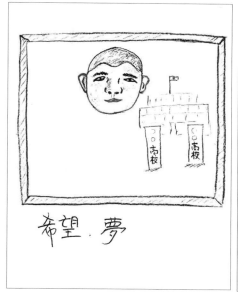

図 5-3　78 歳男性の自分描画法

図 5-4　78 歳男性のバウム画

なった。水車小屋，川，橋，田んぼなど，懐かしい故郷の風景である。

3　自分描画法

自己像→笑っている自分

気になるもの→孫の高校入学。（「孫は長男には 3 人，次男は 5 人，三男に 4 人
　　と全部で 12 人いる。」）

背景→額

隠れているもの→希望，夢

題名→夢の達成

物語→遠方に住む孫がこれから受験する学校と，それを見守るジィジの物語。

振り返り→願いを 100％絵で表すのは難しい。話をしないと伝えきれない。

4　バウムテスト

　以前庭に植えられていた柿の木を描いた。大地に根ざした根と幹との接合部分
は控えめに自然な形で融合している。幹は全部分が細くてやや曲がりながら右方
に伸びている。心理的エネルギーの流れは緩やかで，動的な印象はない。柿の木は
育ち，葉が付き実はなったが，部分的なものの集まりである。良い時はその時々

あったが，充実感を示唆する円い樹冠を形成するほどの育ちではない。幹が右方向にやや傾いていることから，社会に対する心の目は開いていることが分かる。

5　空間象徴図課題（図 5-5）

教示は次のとおり。

①教示：「ここは公園です。ここ（下方中央，矢印があるところ）から入っていきます。この公園の中で "いちばん落ち着くなぁ" と思う場所に，小さな○印をつけてください。次に，この公園の中で "いちばん落ち着かないなぁ" と思われる場所に，小さな×印をつけてください」
②被検査者が○印と×印を記入。
③以上の手続きを 2 回繰り返す（2 回目は◎と XX 印をつける）
④「では，ここが（○印）いちばん落ち着く場所だと思った理由はなんでしょうか」→「はずれ（の位置）だから。全体がよく見える」
⑤次に，ここが（×印）いちばん落ち着かない場所だと思った理由はなんでしょうか」
→「四隅から見られるから」→終了

描者は「見える」「見られる」を気にしている。空間象徴の観点からみると，座標軸の中心部を示唆する「現在」にはまだ緊張感があること，描者は人波から外れず人波から離れた場所にいることを好む。

6　WHO QOL26 結果

日本語版 WHO QOL26 を実施した結果を図 5-6 に示した。最高得点は各領域とも 5 点である。身体的領域は最も高得点で，身体に自信があることがわかる。環境および心理的領域は 3.5 点であり，平均的。社会的関係が 3.33 とやや低い数値となっている。4 つの領域の平均値，つまり QOL 平均値は 3.69 点であり，全体では 4.0 点となった。生活の質（QOL；Quality of Life）は高い。

7　思いの連想

思いから連想される言葉を尋ねたところ，「釣り，散策，子どもたちの将来」と答えた。別に実施した 5 件法での「思いのアンケート」では，「今私は落ち着いている→あまりそう思わない」，「自分のことを振り返るのに抵抗はない→そう思

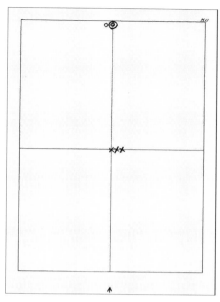

図 5-5　78 歳男性の空間象徴図課題

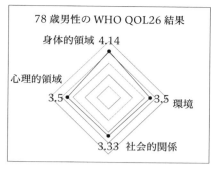

図 5-6　WHO QOL26 結果

う」,「他者のことが気になる→そう思う」,「思いは絵などの描画に表われると思う→そう思う」,「思いにふれるときは慎重であった方がよいと思う→そう思う」,「思いが深まる過程は意識できないと思う→ややそう思う」と答えている。

8　まとめ

　本事例は高齢者の典型例である。応答に偏りがなく,「高齢になったがまだまだ身体には自信がある。しかし他者と話すのは煩わしく思えてきた。自分の生まれから育ちの過程,そして今までを振り返ると,決して満足できる人生ではない。もっと何かしておけば違う人生が見られたのではないか……」など自問自答している様子が垣間見られる。各アセスメントは,その一面を映し出しているに過ぎないことを覚えておかなければならない。

自分描画法事例

1　自分描画（思い）

　本節では幼児から高齢者までの異なる年齢の自分描画事例を，バウムテストを交えて紹介する。すべて同じ手順であるが，発達的に自分描画の変化がわかる。バウムテストの解釈には自分描画法の分析結果が含まれている。

①幼児の自分描画
　（1）男児（4歳9カ月）（図5-7）
　母親が自宅で実施した。自分描画法は適宜母子対話を交えて実施。以下は母親の記述による。
　普段描く絵は「ウルトラマンや怪獣，魚，虹」，この絵には小さい自分（右下隅）と，変身後の自分（中央のウルトラマン）が描かれている。気になるものは「怪獣」。背景は描かない。隠れているものは「正義や地球の平和」。物語は「地球を平和にするのが僕の願い。自分は小さいけれど，いつか大きくなって変身して怪獣をやっつけるんだ」。題名は「平和の使者ウルトラマン」。母親は「普段口にする，人を助ける物語。僕は強くなりたい，自由に飛び回りたいという思いが感じられる。絵にも思いが描かれているのでびっくりした」と話す。思いの分析結果は「僕が平和を守るんだ！」。
　（2）女児（4歳2カ月）（図5-8）
　母親が自宅で自分描画法を実施した。自分は右の女の子。傘がない。気になるものは左の友達がさしている雨傘。周りの子が傘をさしているので自分も欲しい

図 5-7　幼稚園男児の自分描画

図 5-8　幼稚園女児の自分描画

図 5-9　小学生男子の自分描画

図 5-10　小学生男子の物語

と思っている。背景は「雨」。自分は雨に濡れている。隠れているものは「音」。物語は「雨降りのお散歩は楽しそう。傘に雨があたったら音がするので私も傘が欲しい」。題名は「雨の日の散歩」。母親は，「赤ちゃんの頃のように守られていたいという思いと，もう少しお姉さんになったらいろいろなことがもっとできると思っている」と話してくれた。思いの分析結果は「雨の音で遊びたい」。

② 小学生の自分描画

　小学生から高齢者までの自分描画法において，「自分」「気になるもの」「背景」「隠れているもの」「物語」「題名」の 6 項目の内容は描画者との対話療法の結果による。思いの分析については筆者が行った。

図 5-11　小学生男子のバウム画

（1）5 年生男子（11 歳）

［自分描画法］（図 5-9，5-10）

①自分→中央上に顔だけの自分。

②気になるもの→「疲れている自分」

③背景→「太陽に照らされて干からびている自分」

④隠れているもの→「影」

図 5-12　小学生女子の自分描画　　　　図 5-13　小学生女子のバウム画

⑤物語→自主的に 4 コマ漫画を描き語る（図 5-10）

　「先生から，姉から，親たちから文句を言われて，もうやだ〜と呟いている疲
　れた自分」の物語である。周囲からの過剰な圧力を感じている。

⑥題名→「疲れている自分」

⑦思いの分析結果→「もう心配しないでほしい。僕はやっているんだから！」

［バウムテスト］（図 5-11）

樹冠上方が用紙からはみ出ている。

　自己拡張を試みるがうまくいかず，攻撃性を自分に向けがちである。樹冠内に
は種類が違うたくさんの実がなり，やりたいことがたくさんあることがわかる。
幹は太く，下方部は広がっている。根も地平も描かれていない下縁立ちの木だが，
子どもらしい反発心に似た思いが溜まっているようだ。

（2）5 年生女子（11 歳）

［自分描画法］（図 5-12）

①自分→真ん中に大きく笑顔で立っている。

②気になるもの→文字で「好きなアイドルのグッズがほしい！」と記す。

③背景→キラキラのステージ。

④隠れているもの→「人形」と左下隅に文字で記した。

⑤物語→「私はダンスフェスティバルに行きました。おしゃれな衣装をきて，キラキラ光るステージに立ち踊りました。人気が出て嬉しかったです。ステージは大成功。家に帰ると，好きなアイドルのグッズをママからもらいました。これから大切にしようと思いました。グッズも大切だけど私が持っている人形も私にとっては大切です。私は人形を 40 数個もっています。すべてに名前をつけ，全部覚えています」

⑥題名→ダンスフェスティバル

⑦思いの分析結果→「私は人形，グッズ，ダンスでハッピー！」

［バウムテスト］（図 5-13）

　木が用紙の大部分を占めている。根元が広がった幹の根と地面が融合している下縁立ちの木だが，描後インタビューで，下方部分は「根っこと地面と草を兼ねている」と説明。居心地の良い地面である。樹冠内にはたくさんの小さな実がなっていて，太い根元の絡みからは，理性も優れているが，感情的行動に引っ張られやすい傾向も示唆される。また幹にある斜線は傷ではなく「全部模様」とのこと。幹の両下端から伸びる小さな 2 つの枝の先端には葉が付き，子どもらしい可能性の萌芽が示唆される。総合的見立ては次のとおり。幼さを保ちながらも少し先の未来を見通した計画性をもち，恐る恐る行動に移す。華やかなものに対するあこがれが強く，元気いっぱい夢見る女子である。理性よりも感情が勝り，自分中心と見られることもあるかもしれない。

③中学生の自分描画

　（1）2 年生男子（14 歳）

　［自分描画法］（図 5-14）

　①自分→中央右側に「クラスの中で燃えている自分」

　②気になるもの→「喜色満面」

　③背景→黄色で「喜色満面」の文字を囲む。

　④隠れているもの→「（自分像と喜色満面の上方に）希望の星の絵」

　⑤物語→「日常どおりいつも笑っている自分。いつもテンションが高く燃えている自分。時々嫌なことがある日だってある。いつでもすくいの何かがある。それが自分」

　⑥題名→「自分の中」

　⑦思いの分析→マイペースでやりたいことがやれているという思いがある。危ない時は助けが来ると信じている。

図 5-14　中学生男子の自分描画

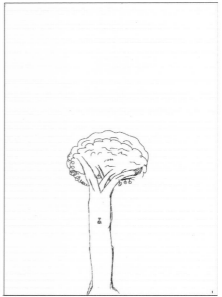

図 5-15　中学生男子のバウム画

［バウムテスト］（図 5-15）

　下方から上方まで幹の幅が同じ木は，型にはまった考え方を示唆する。子ども
の絵に多い。幹の中央には小さな虫が描かれ，外見を気にする思春期の始まりを
感じさせる。幹の割には上方の枝の発達は秩序もあって良好である。多くはない
が実もなっている。自分描画にある「希望の星」に相当する。幹は長く樹冠部が
小さい。これは情緒や知性が未発達であることを示唆する。親への依存的環境が
背景にあるのかもしれない。

（2）　2年生女子（14 歳）

［自分描画法］（図 5-16）

①自分→右下隅にいて正面を向いている。

②気になるもの→「自分の性格。笑・暗・友だち・人・携帯料金・学力」

③背景→「ドット柄。可愛いから描いた」

④隠れているもの→「右下隅にいる自分」

⑤物語→「今気になっていることや最近のこと。友だちと恋バナや日常のこと
　　を話していると笑顔になる。逆に友達と喧嘩すると，暗い自分が出てくる。

図 5-16　中学生女子の自分描画　　　　　　図 5-17　中学生女子のバウム画

　　親と話をしていると携帯料金や学力の話になる。正直ウルサイ！」
⑥題名→「ウザイ！」
⑦思いの分析結果→「楽しめることもあるが，自分で対応できないことが多く
　　て参ってしまう……」
［バウムテスト］（図 5-17）
　　幹の中央右側にあるくぼんだ傷跡は異性への関心と罪悪感を示唆している。恋
バナは楽しいが，人の話を聞いて楽しむ程度の段階ではないかと推測される。大
きな波状の丸い樹冠は輪郭線だけが描かれ，中の枝は見えない。素朴さ，控え目
な性格がうかがわれる。雲球型の樹幹内にはたくさんの種類が異なる実がなって
いる。これらは気になること（獲得目標や希望）がたくさんあることを示してい
る。実の描き方が正確であることから，気になることは明確に意識にのぼってい
ると思われる。

④高校生の自分描画
　（1）　2年生男子（17歳）
　［自分描画法］（図 5-18）

図 5-18　高校生男子の自分描画　　　　図 5-19　高校生男子のバウム画

①自分→中央に立っている。

②気になるもの→「学校」

③背景→「学校周辺の風景」

④隠れているもの→「もう一人の自分（影）」

⑤物語→「自分は将来の夢がまだよく決まっていない。毎日勉強に束縛され，厳しい校則に束縛され，今日も苦悩の日々を送っている」

⑥題名→「とまどい」

⑦思いの分析→「取り巻く環境が厳しすぎるという自分の愚痴を聞いて欲しい。自分はどっちの道を進んだらいいのかが自分でもわからない……ともう一人の自分に話しかけている自分」

［バウムテスト］（図 5-19）

　丘の上に木が 1 本立っている。自己存在感と孤立状態を示唆する。幹の長い垂直線は心理的な硬さと自己統制を示している。木は用紙の中央真ん中に立ち，世の中の中心に自分がいることを暗示している。樹冠の両側の枝から垂れ下がった 2 つのぶどうの実は熟している。欲望はあるが宙ぶらりんの状態で，抑え込まれている。中身がなく外見しかまだ整っていない自分だが，自我の崩れはない。地

図 5-20　高校生女子の自分描画

図 5-21　高校生女子のバウム画

面線が描かれず，意識的なものと無意識的なもののエネルギーの境界は不鮮明である。自分が何をしているのかがよくつかめていないのかもしれない。

（2）高校1年生女子（16歳）

［自分描画法］（図5-20）

①自分→中央右下。

②気になるもの→「ミニーマウス」

③背景→「イギリスの森の中」

④隠れているもの→「長崎のグラバー園のハートの石」

⑤物語→「ある日私はミニーちゃんに出会い，一緒に遊びました。しかしここは，ディズニーランドのようでディズニーランドじゃない場所でした。すごく天気がよくて，可愛いシンデレラ城のようなものが建っています。そしてお城の下には四つ葉のクローバーが植えてありました。その中に長崎のグラバー園にあるハートの石があったのです。その石は小さく，私の足のサイズほどでした。この場所は私の知らない場所で，外国にいるような場所でした。私はミニーちゃんとお話をしました。でもあまり楽しくはありませんでした。それでも私はミニーちゃんと話せて嬉しかったです。私はさっき見つけたハ

ートの石が気になったので，手に取りました。次の瞬間，私はいつもの教室
にいました」

⑥題名→「夢の中の春休み」

⑦思いの分析結果→ハートの石に触ったら現実に戻されたのは消える夢の話で
ある。私はミニーマウスとの遊びは現実ではないことを夢の中で知っている。
私の思いは「これが夢でなかったなら……」にあり，叶わない願望が深層に
あると考えられる。

［バウムテスト］（図5-21）

おおらかで目立った偏りを示さない心理的に開放的な女子高校生だと考えられ
る。地面線がなく，広がった下方部分には心理的エネルギーの流れを妨げるもの
がなく，心理的エネルギーは自然に流れている。内界および外界の境界はあるが，
融通性が高い。

⑤大学生の自分描画

（1）大学3年生男子（21歳）

［自分描画法］（図5-22）

①自分→中央左側の地球の上に立っている。

②気になるもの→「全体」

③背景→「知っていることのすべて」

④隠れているもの→「（右下に描いた）宇宙に漂う小さな分身」

⑤物語→「自分の居場所を探そうとするが見つけられず，とうとう地球を飛び
出してしまった。どうしたらよいのかがわからず，しばらく宇宙にいること
にしたが，現実的には無理なことは本人も知っていた。だから，行ったり来
たりの繰り返しの毎日が続いている」

⑥題名→「自分探し」

⑦思いの分析結果→「自分は宇宙の中では微生物のように小さな存在。その微
生物が地球と宇宙を往復し自分の居場所探しをしている。自分の居場所を探
したい……」

［バウムテスト］（図5-23）

樹木全体の輪郭線の筆圧が弱く不安定感がある。破線をつなぎ合わせる，微妙
に揺れる曲線で線をつなぐ等は感受性の強さと情緒不安定状態を示す。樹木は用
紙中央にやや小ぶりに描かれていること，樹冠部下方には4つの黒くて丸い果実
（目標・到達先）がある。到達先はまだ見えていないが，可能性はあることが示唆

図 5-22　大学生男子の自分描画

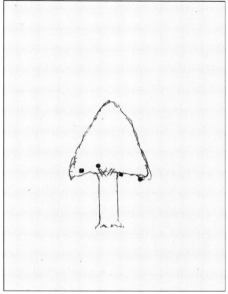

図 5-23　大学生男子のバウム画

される。幹上方から小さな 2 本の枝が伸びている。枝は先端が開放状態となっていて，わずかな成長発達の可能性を示唆している。地面線がないこと，控え目な根の張りなどは，心理的に無防備な状態にあることを示唆している。

（2）大学 3 年生女子（21 歳）

［自分描画法］（図 5-24）

①自分→右下隅に立っている

②気になるもの→「自動車」

③背景→「山」

④隠れているもの→「憂うつな気持ち」

⑤物語→「私はなんだか気分が浮かない。勉強をもっとやればよかった。後になって不安と後悔が襲ってきた。他にも何か気にかかる。心のモヤモヤ，心の重み……，退屈。そんな気分を解くために，どこかに出かけようと考えた。いつもそう。どこかに行きたい。旅行は好きだし気分も晴れる。どこかきれいな所，知らない所に行ってみよう!!　私は出かけるプランを考えた。心がちょっと軽くなった。冬は自動車の運転も苦手だし，雪も降っている。けれど，暖かくなったら出かけよう!!」

図5-24　大学生女子の自分描画

図5-25　大学生女子のバウム画

⑥題名→「出かけよう!!」

⑦思いの分析結果→「どこかに行きたい！　休日には普通に旅行の計画があるが，もっと違うところに行ってたくさんのものを見たいし自然にもふれたい……」

［バウムテスト］（図5-25）

　樹木全体がやや左側に位置している。幹は左側にあるが，樹冠は欠けることがないように一筆で描かれている。幹の先端は6本の指のように見える。これは心理的エネルギーの分散を意味する。心理的にはやや内向性，行動的には外向的でありたいと望むが，幹の右側の樹皮の描き方に線の重ね合わせがあることや，筆圧の強さから強い達成欲求が示唆されるが，実行にはためらいがある。

⑥成人の自分描画

（1）　成人男性（46歳）

［自分描画法］（図5-26）

①自分→海辺で腰を沈め外国船をみている（補足：「自分を描くとき赤色か青紫色を使うかで迷った」）。

図 5-26　成人男性の自分描画

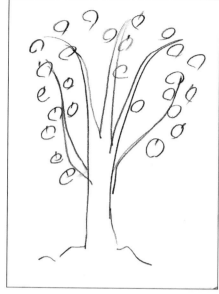

図 5-27　成人男性のバウム画

②気になるもの→「行く先，未来」

③背景→「海」

④隠れているもの→「今やっていることの結果（自分の右側にある緑色のもの）」

⑤物語→「男は海のそばにある家に引っ越してきました。毎日，穏やかな海を見て暮らしました。外国船が時々やってきました。ある日砂浜で，以前失（な）くしたものを見つけました」

⑥題名→「夢と希望」

⑦思いの分析結果→「引っ越し先の海辺で，以前失（な）くしたものを見つけた。まだはっきりとは見えない自分の未来を思い描いている。未来に夢と希望を持ちたい……」

［バウムテスト］（図 5-27）

　幹の中央部分から上方にかけて長い枝が複数伸び，それぞれの枝には葉か実がついている。外見を気にする傾向を考えればおそらくこれは葉と考えられる。枝の位置から，成人になるころから自分を表出しなくなったのかもしれない。それぞれの枝は緩やかに上方に伸びていることから，社交性はあることと，それぞれで実を付けたと考えられる。根は幹から伸びる2つの線で秩序なく描かれ，浮動

図 5-28　成人女性の自分描画　　　　　図 5-29　成人女性のバウム画

不安や自信のなさが感じられる。

　（2）成人女性（41 歳）＊拙著『自分描画法の基礎と臨床』（pp.65-66 補足後
　　　再掲，遠見書房）

［自分描画法］（図 5-28）

①自分→用紙中央下方に立つ女性。

②気になるもの→「担任中のクラスに在籍する女子生徒。現在うつ病で休んで
　　いる」右上に顔部分を描いた。

③背景→「津波」

④隠れているもの→「琵琶」

⑤物語→「昔，平家の公達，姫君たちの魂をなぐさめた琵琶が海の底に眠って
　　いました。横笛や箏を奏でる人々と，またいつの日かお互いの存在を感じ合
　　い，音を重ね合えることを夢みて激しい渦を巻く海の，しかし静かな底に身
　　をよこたえていたのです。そんな時，1 人の女の子が小舟にのって海にこぎ
　　だしてきたのです。女の子は海面に手をさしいれました。渦の中にその身ま
　　でが引き込まれたその瞬間，琵琶がめざめました。ことりことりと身を踊ら
　　せて，その女の子の指先から出た砂金のような光に導かれるようにくるりく

るりと浮かんできました。その時，女の子が小さい頃，お母さんに抱かれて
聞いた子守唄が海の中に響いてきたのです。琵琶を女の子が手にしたとき，
海は穏やかなエメラルドグリーンに色を変え，女の子の顔がばら色に輝きま
した」

⑥題→「海の底で音楽を奏でる琵琶」

⑦思いの分析結果→「琵琶の音色で荒波（津波の犠牲者の御霊，うつ病で休ん
　でいる女子生徒の動揺）が静まりますように……」

［バウムテスト］（図 5-29）

　用紙を突き抜ける 1 本の幹に数本の枝が長く伸びている。樹冠は形成されない。
葉には葉脈が規則正しく描かれ，完全主義的傾向が感じられる。直線を重ね合わ
せ木全体を黒く塗っていることから，深層に感覚的で攻撃的な怒りがあることが
示唆される。自分描画法結果と重ね合わせると，「痛恨の極み……」という言葉が
思い浮かぶ。

⑦高齢者の自分描画

（1）高齢男性（78 歳）

［自分描画法］（図 5-30）

①自分→用紙中央に大きく顔部分を描いた。

②気になるもの→「吾が人生の終えんの在りよう!!」と用紙の右側に縦に書い
　た。

③背景→「（左下方の）家屋」

④隠れているもの→「老後の面倒見がいない」と用紙の左側に書いた。

⑤物語→「2 人の老夫婦がいました。2 人には家を継いでくれる子どもがいませ
　んでした。今，老境に入り人生の終わりを迎えようとしています。2 人にと
　って今一番心配な事は老後の面倒を見てくれる子ども達がいないことです。
　人は，1 人では生きられないということは承知しています。自分の身を処す
　ることができなくなった時誰を頼りにしたらよいか……施設にお願いしよう
　か……ということが切実な問題として迫っていることが日々の課題でありま
　す」

⑥題名→「人の世は……」

⑦思いの分析結果→「子どものいない夫婦の老後の世話をしてくれる人がいな
　い……」

［バウムテスト］（図 5-31）

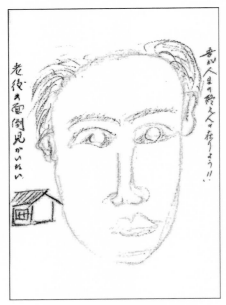

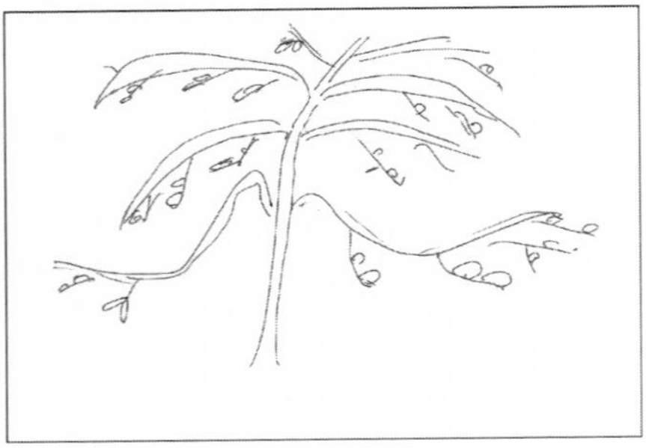

図 5-31　高齢男性のバウム画

図 5-30　高齢男性の自分描画

　用紙を横にして木を描いた。可塑性がなくなってきたのかもしれない。木には根が描かれず，地平線もない。幹は細く心理的エネルギーの枯渇傾向もみられるが流れはある。1本の幹から曲がった枝が複数伸び，下方にむけて実か葉がついていることから，迷いや精一杯の努力がうかがわれる。

（2）高齢女性（80歳）

［自分描画法］（図 5-32）

①自分→用紙中央に大きく上半身を描いた。

②気になるもの→「テルテル坊主」

③背景→「自分の家の窓の外のつもりだがよく見たことがない」

④隠れているもの→「若い頃の私」心の中のイメージであり，用紙には描かれていない。

⑤物語→「昔から絵は下手です。うまく描けません。でも自分の顔が若く描けました。今日の私の姿です。ちょっと自分とは違うかなー？　80歳になります。若い頃に戻りたくもなく，死にたくもない」

⑥題名→「今日の私」

⑦思いの分析結果→「過去への郷愁や未来への展望は考えない。とにかく今を

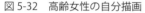

図 5-32　高齢女性の自分描画

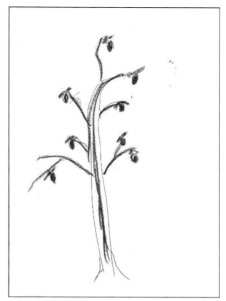

図 5-33　高齢女性のバウム画

元気に過ごしたい……」

　［バウムテスト］

　幹が細く長くて，先端はやや右側に傾斜して伸びている。情緒的生活が前面に出現しているが，社会を多少とも意識し，見られる自分という感覚もある。細い複数の枝はお行儀よくやや上方に伸び，小さな実がそれぞれの枝に決まって一つついている。自分が体験した結果，ささやかではあるがそれなりの成果の実感をもっている。樹幹は描かれず，華やかさには程遠い。乏しい心理的エネルギーを，上手に全体に振り分けている。

2　自分描画法の利用

　筆者はこれまでさまざまなクライエントと自分描画法の体験をもったが，筆者の体験からいえる範囲内のことを以下に記す。発達期の課題については，全年齢ともエリクソン（Erikson, E. H. ;1963）の心理社会的発達理論をもとに自分描画法との関連を探る。

①幼児と自分描画法

　エリクソン（1973）によると，０歳児は「自分は与えられる存在」としてあり，１〜３歳の幼児は「自分はする存在」であり，４〜６歳児は「こうあることを想像する存在」だという。１〜３歳の幼児の発達課題は「自発性」にあり，課題への取り組みに失敗すると「恥・疑惑」が生じる。これらに関係する心理的要因は，「愛と憎しみ」「協力と自己主張」「自己表現の自由と抑制」である。４〜６歳になると発達課題は「積極性 対 罪悪感」となり，これらに影響を与える心理的要因として「自分が傷つかないように積極性を身につける感覚の獲得」が挙げられる。これらの心理的要因はしばしば幼児の自分描画法のテーマとなる。幼児は両親との信頼感を基盤に，親や友達と遊ぶ中で，協力の意味や自己主張などについて学ぶ。これらすべては遊びを通して体験され，幼児は成長していく。絵を描くことは，幼児にとっては最も身近な遊びの一つであり，同時に生活の一部でもある。描画は情緒と感性，さらにイメージの発達に寄与する。幼児は成長によってなぐり描きから落書きへと描画能力を発達させる。４歳を過ぎると幼児は自分描画法にも対応できるようになる。自分描画法は，人がもつ思いをつかみとることを目的とする。幼児がもつ純真無垢な自発性や創造性を考慮すると，未発達な幼児の思いに外部からいたずらにふれるのは避けた方がよい。その意味で自分描画法の幼児への適用については，慎重でなければならない。ただし困りごとを抱えている幼児の場合，自分描画法は何かしら有用な手掛かりを与えてくれるかもしれない。幼児との自分描画法事例を次に示した。対話事例については下記[注1]も参照のこと。

　幼児の自分描画法事例

　５歳５カ月女児。心理療法中の自分描画法とバウムテスト適用場面からの抽出資料である。体面時はチラッとセラピストを見るが，慣れてくるとゆっくりと話し始める。情緒的には比較的安定。教示内容をしっかり聴いて理解しようとする。

　［第１回目バウム：図5-34］

　「実のなる木を描いてみましょう」とバウムテスト用紙を手渡すと，「き」という文字を書いた。「木の絵を描いてね」と再度促すと，幹のみを描いた。次に自分描画法を実施した。樹冠を描く能力については不明。よって２回目のバウム画を自分描画法終了後に再度実施することにした。結果は図5-36のとおり。

　［自分描画法］

　「自分の絵を描いてみて」と求めると，ためらいなく楽しみながら中央に全身を

注1）　拙著『自分描画法の基礎と臨床』pp.70-84。

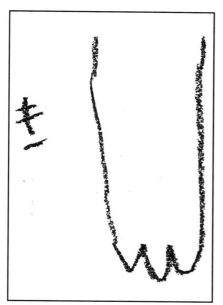

図 5-34　バウム画（1 回目）

図 5-35　自分描画法

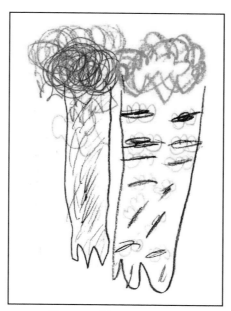

図 5-36　バウム画（2 回目）

描いた。今身につけている水玉模様の服を描く。「じゃ次は好きなものを描いてね。どこに描いてもいいよ」と教示すると，〈私〉の左下方に「うさぎ（気になるもの）」の絵を描いた→私の右側に「友達からもらったおもちゃ（気になるもの）」→下方に「ハートの絵（背景）」→上方にもハートの絵（背景）→私の左隣に友達のＡちゃんの顔（気になるもの）」→その左下方に「ライオン（かっこいい！　と言う）（気になるもの）」→「星（背景）」をあちこちに描く→最後に私の足のそばに黒いかぼちゃ（隠れているもの）の絵を描いた。かぼちゃの絵は，目の前にあるかぼちゃの絵を真似て描いた。「おいしいよ！」という。

　　［第２回目バウム］

　　１回目と同じ幹を描く。その後，樹冠→模様→ハート印の模様→左隣にもう１本別の木→樹冠→幹に模様の順番で抵抗なく描いた。所要時間は３分と早かった。物語は「私の好きなものばかりを描いた」，題名は「わからない」と首を傾げる。

②小学生と自分描画法

　　児童期には,「生産性 対 劣等感」という発達課題がある。現実との接触があり，やらなければならない義務的なことと，やりたい，やりたくないといった自分の思いがぶつかる時期でもある。上下関係を意識するようになり，社会の中での自分の位置を気にするようになる。全体的にみれば比較的安定した時期であるが，高学年になると次の思春期・青年期と似た心理的問題が見られるようになる。自分描画法では「お金を拾って大金持ちになる，それでゲームを買う」という一攫千金を狙う自分描画が特に男子に見られるようになる。女子には可愛らしさを追求する絵が多い。

③中学生～高校生～大学生と自分描画法

　　思春期から青年期の発達課題は「自我同一性の獲得」にある。主体としての自分が客体としての自分をつかむ作業である。もっと言えば,「自分が自分というものの証拠を求めて自分自身の中に入り込み，自分をつかみ取る心の作業である。主客重複となることから，心的作業は困難となる。また自分の身体の中で起こった性器的成熟に驚かされる。エリクソンによれば，自己同一性の感覚とは，内的な普遍性と連続性を維持する心理学的意味での個人の自我が，他者に映じる自分に関する普遍性と連続性に合致しているかどうかが重要であり，合致していれば自己評価の確証となり自信につながる。失敗すれば，「同一性の拡散」が生じる。強制されることに対する当惑，逃避，助言の拒否などは，同一性拡散の感覚に対す

る必然的な防衛として理解することが大事だとエリクソンは言う。ここでいう理解とは相手に同調することではなく，共感的理解という意味である。思春期では自分に関するさまざまな思いがわく。たとえば「私はもっと魅力的な人になりたい」，「私は欲求を抑制できるようになりたい」，「私は自分が誰だかを知りたい」，「私は自分の未来を知りたい」，「私は自分が他者にどのように見えているかを知りたい」など，思春期が自分探しの時期といわれるゆえんである。自分描画法は「自分」をテーマにしていることから，思春期以降の人との適合性は高い。中学・高校生に対するスクールカウンセリング（東山；2006）では，教育相談室での利用が望まれる。また大学生対象の学生相談室での自分描画法の利用は支障がない。学生相談室での自分描画法の活用例を，次に示した。

　学生相談における自分描画法の活用
　学生相談のときに自分描画法を用いた一例である。来談者は 21 歳男性Ａさん。基本的な防衛機制は「抑圧，否認，身体化（身体不調）」であり，心理的な関与が濃厚である。依存心が強いが，何もしたくないという自己主張も強く，葛藤状態にある。他者とは距離を置こうとする。不適応状態が慢性的に続き，心理的介入にもやや抵抗を示すことから，やや長期における心理療法の実施が必要とされること，ストレスの軽減により症状の緩和が期待できるが，家族関係の改善や環境調整も考えなければならないとされた。
　Ａさんには他者に好かれたいという思いがあり，最初はよい印象を与えようとするが，徐々に自分が置かれている状況を直視できなくなる。受容や愛情を絶えず求めている。それがかなわないと自死をちらつかせる。学年が終わる時期，ゼミの先生から，「無理せず休学の継続や，それでもつらい時は一端退学も考慮に入れて考えてみては」というニュアンスの話を聴いた。自分描画法はこのようなときに実施された。
　『自分』は用紙下やや左方に描かれた棒人間であり，『気になるもの』は「退学？」という文字，『背景』は自分を包む闇，『隠れているもの』は一緒に留年し，来談者を励ましてくれた男友達である。男友達は用紙右下方の，暗闇からはずれた所にいる。描画道具は１本の鉛筆のみだった。絵には色がない。描画後の対話では，「あのとき，退学？　自分はそういう状態なのかなぁ……」と，自分で自分の心の状態がわからずやりきれない思いで過ごしたと伝えた。復学する話があったときに，「自分では復学は無理かもと思うけれど……」とその友達に話したら，励ましてくれたという。ご飯を一緒に食べたり遊んだりもするが，時間がたつと，

図 5-37　大学生の自分描画

「自分のことを話してみても，おそらく自分の気持ちはわかってもらえないだろうなぁ……」という思いになるという。自分描画には，まさに今ここでの来談者の思いが描かれていた（図 5-37）。

　引き続き対話療法を実施した。自分描画法で記した「退学？」という文字の意味について，「先生に言われる前は，自分では退学は考えていなかった。実は深く考えていなかった……（先生の言葉かけで，深く考えるようになったというニュアンスあり）。そのうち退学するしかないのかなと思った」と話す。来談者の意思が，うっすらと感じられた。すると，来談者から，大学入学時に至るまでの自分についての話があった。親に進められて受験したこと，「将来○○になりたい」といった明確な志望動機はなかったこと，受験の決め手は苦手科目がなかったことなど，急に現実的な話をし始めた。

　次に人生設計の話になった。テーマは『自分がつかめない』である。「自分のことがよくわからない。僕は人のアドバイスを素直に受け入れてしまう。どうしてだろう？」と自問自答をするが，解答が得られない。その流れで「自分はだめな人間」，「自分はやる気が起きない」というものの言い方になる。何を目標とするかについて話し合った結果，「進級する」という言葉を口にした。その後Aさ

んは「卒業した方がいいと思う」ではなく「卒業したい」と言い換えた。そして「何もしたくない自分が情けなくなる」と付け加えた。

　「僕は頑張れるのか……。皆はどうやって頑張っているんだろう」と独り言をする。「それは人に聞けばよいことはわかるが，僕は人と話すのは苦手」だという。まずはＡさんから「進級したい」という気持ちが伝えられたことから，自分描画にその意思を描き加えてもらった（" ↓ "と" 進級 "という文字）。来談者と 2 人で作り上げていく自分描画もある，そういう流れも大切かとセラピストは感じ取った。

④成人と自分描画法

　20 歳あたりから 30 歳くらいまでの成人前期の発達課題は，「親密性」である。この時期には社会人としての経歴が始まる。異性との親密性が増し，自分は一人ではないという感覚をもつ。その先には結婚し家庭人としての役割が待ち構えている。親密性と相対するものが「他者との隔たり・孤独」で，拒絶や孤立，自分にとって危険とみなす人への攻撃心を持つ傾向を示す。30 歳以降の成人期では，「生殖性」が発達課題となり，これに失敗すると人間関係の貧困化を伴い，停滞の感覚をもつようになる。また生殖性が発達しない人物はしばしば自分本位になって，まるで子どもみたいに自分自身のことばかり考えるようになる」とエリクソンは指摘している。著書「自我同一性」が 1959 年に出版されてから，すでに 60 年以上が過ぎた。結婚のあり方も多様となり，結婚が出産即子育てに直結するという考え方についても意識の変化が起きている。親密性に失敗したら孤立するという考え方にも賛否両論ある。現在，国会では性的指向および性同一性に関する国民の理解増進に関する法律の策定が議論されている。いわゆる LGBT 理解増進法である。Lesbian（心の性が女性で恋愛対象も女性），Gay（心の性が男性で恋愛対象も男性），Bisexual（両性愛者）の性的指向と，Transgender（例；身体の性は男性だが，心の性は女性）という性自認（性同一性）の頭文字をとって LGBT と呼ばれている。自分の性別への違和感をもつ人は少なくない。法律はどのような「性的指向」「性自認」をもっている人も，個人として尊重され人権をもつという人権意識を強調するが，当事者には「自分は自分らしく生きたいだけ」という素朴な生き方に関する思いが底流にあると思われる。いずれにしても成人の自分描画は，恋人，夫と妻，家族の風景などがテーマとなることが多い。夫婦や家族の問題は自分描画法のテーマとなる。

⑤高齢者と自分描画法

　エリクソンによると，老年期の発達課題は「統合」にある。これに失敗すると「絶望」が待ち構えている。長年の就労から解放され，年金暮らしとなる。義務からの解放と映るかもしれないが，心理的生活はそうたやすくもない。ここで重要となるのは「英知」（wisdom）である。エリクソン（1986）は「英知とは，かかわり合いからの撤退に本気でかかわること」と定義している。重要な点は「本気で」が意味する内容であろう。人はある目的があると，本気になりやすい。資格を得ようと思うと一生懸命勉強するようになる。田舎暮らしをしたいと思うと，田舎の生活に関する知識や実際に暮らしている人からの話を聴きたくなる。老年期にある目的を設定するためには，自己覚醒が必要となる。高次脳機能障害や認知症などの影響で日常生活が不自由となり，心身の機能向上をめざすリハビリテーションを受けている人は数多いが，失ったものを再生することが困難な場合，再生とはどういう意味をもつのか考えることは意味深い。

　高齢者の自分描画のテーマは「現在の心と身体に関する懸念，未来への不安」「パートナーの死」が映し出されることが多い。過去を想起した絵には，故郷の風景や戦時中過ごした場所の風景なども描かれる。家族の絵の場合は，現在の状況が映し出されることが多い。現在の夫婦関係やわが子，そして孫が登場し，その現在の関係性が絵に映し出される。過去よりも現状況を反映する絵が多いのは，自分描画法が「今ここにあるもの」を映し出すような手順となっていることと関係する。自分描画には未来も描かれる。未来の絵には，遠方に住む家族宅への訪問や旅行先などが描かれる。広がる未来の描画がある一方で，墓の絵に象徴されるように，自分が収まる場所を示唆する絵も多い。

　人は「あることに苦しむ→ふれる→つかむ→収める」という体験を螺旋的に繰り返しながら，人生を楽しんでいるのだなという実感が筆者にはある。

自分描画法Q＆A

Q1　手続きの事前通知の是非

　自分描画法を実施するにあたって，「次回，自分描画法を実施します。ついては，気になるもの，背景，隠れているもの，題名，物語」，をひとつ考えておいてください，」と伝えてもいいですか？　その方が次回実施したときに，面接が深まるように思うのですが……。

　A あまりすすめられません。「自分描画法を次回実施します。ついてはこれらについて考えておいてください」と伝えると，自分描画法が宿題となる可能性があるからです。自分描画法の理念は，「今，ここで」にあります。人間主義的心理療法の立場からの来談者中心療法では，ライブ感覚を重視します。宿題を与えず，反省することを強要しません。"反省" よりも "気づき" を重視します。自分描画法は「来談者中心療法」の手続きに沿っています。今描いた自分描画をひとつの資料として，今ここにある自分を振り返る。この点が重要です。

Q2　4つの過程の順序

　思いの理論にある4つの過程の順序は固定的なものですか？

　A 思いの理論では，「苦しむ→ふれる→つかむ→収める」という4つの過程を経ることが重要となります。右方向の進展は，思いを深めていくための自然な展開例です。しかし現実は「苦しむ→ふれる→苦しむ→ふれる」の繰り返しもあるでしょう。また「苦しむ→ふれる→つかむ→苦しむ→ふれる→つかむ」と，なかなか「収める」までたどり着けない思いもあると思います。仕事に振り回されているという実感があるときの状況です。いつまでたっても安堵できません。この場合は，「いかに収めるか」が課題となります。この4つの過程は右に進展することは間違いありませんが，どこで折り返すかは事例によって異なります。セラピストのイメージとして，自分は「今どこにクライエントとともにいるのか」をつかんでおくことが，セラピストだけでなく，クライエントの安心感にもつながります。

Q3　病理的水準

病理的水準の見立てについて教えてください。

$\mathbf{A}$　"思い"は人間であれば誰でも持っています。"思い"は人を選びません。その意味で，自分描画法は心を病んでいる人を対象としたセラピィというよりも，その人そのものを対象にしたセラピィと言えます。つまりその人が心を病んでいるかどうかを見立てようとするのではなく，その人の"思いの内容"からその人を見立てようというものです。次に，クライエント自身が自分自身に対して，または他者に対して違和感をもっているというのならば，思いの内容分析より，対人関係に関する違和感を浮上させている（押し上げている）心的内容について，気づきを深めていきます。違和感が常時歪んだものとなり修正が難しくなったとき，その心的状態を心の病と呼ぶということです。診断基準があって，この症状はどの領域の病態に属するか考える診断学ではありません。自分描画法は心の病を見る見方とは違うと認識してください。

Q4　精神疾患

精神疾患の臨床における自分描画法の活用についてコメントをください。

$\mathbf{A}$　精神疾患に関する自分描画法の活用についての検証作業はまだ終わっていません。と言いますか，このような言い方は思いの理論の立場からは適切な伝え方ではないと思っています。思いの理論からみれば，精神的健康なパーソナリティと精神疾患との違いは，「思いの深さの違いと，思いの絡み具合の違い」にあるように思えるからです。さまざまな症状がたくさんあります。症状自体はあまり時代の影響を受けませんが，疾患名は時代とともに変わります。心の症状は世界共通の事項であること，変わらないのはいつの時代でもそれぞれの病態にある疾患名がつけられていることです。思いの理論では，疾患名にこだわるのではなく，「この苦しみについての思いはどの程度深いものなのか，どのようなことがその思いに絡んでいるのか」という視点を大切にします。思いの心理療法では，思いの深さをクライエントとともに共感し体験する，そしてどのようなことがその苦しい思いに絡んでいるのか，絡みの内容をともに探索することと，絡んだ思いの解きほぐし作業にあたります。それ自体がセラピィとなります。医療現場での診断名を尊重しながらも，そのように診断されるに至った経過にセラピストは思いを寄せます。この心理的作業の有る無しが，クライエントの心理的回復に相当の影響を与えると考えています。

Q5　テストバッテリー

自分描画法と組むのに適切なテストバッテリーを教えてください。

　　A　自分描画法は人の思いをつかむことを目的とするアセスメントですが，こ
れ自体が心理療法という性格を持っています。しかし自分描画法のみでク
ライエントの思いを説明するには無理があります。思いは描き手の基本的性格と
絡みます。まずは自分描画法で今の思いのありようを視覚化する。描画者はよく
「なぜこんな絵を描いたのかなぁ……」と口にします。なぜ自分は今この絵を描い
たのかが自分でもよくわからない。不思議な話です。しかしこれが現実です。こ
れは自己統制の領域を超えたという話かもしれません。意識的に描いた自分描画
は構成がわりとしっかりしていて，自己意識にあるものが描かれる傾向にありま
す。しかし意識することが難しい描画の場合は，深い思いが映し出されたりしま
す。自分描画法実施時には，バウムテストと心理バッテリーを組むことをお勧め
します。どちらも描画を用いますが，バウムテストは基本的性格にふれるテスト
であるのに対して，自分描画法は思いを手繰り寄せる手法で，目的はまったく異
なります。最初にバウムテストから初めて，次に自分描画法に取り組むと割とス
ムーズに展開します。総時間は人によりかなり違いがありますが，おおむね20
〜30分もあれば終了します。

Q6　バウム画の解釈

　バウム画の理解についてですが，本書で示されている解釈の手がかり以外の事
象に関する解釈については，どのように対応したらよいですか？

　　A　本書で示している解釈に近い見立ては，すべての事例にそのまま当てはま
るものではありません。バウムテストの解釈にあたっては，そのほかのア
セスメント資料を加えて，総合的に見立てることが重要です。絵の乱雑さは指の
怪我によるものかもしれないし，いつも心理的なサインがバウム画に表れている
と思うのは間違いです。自分描画法同様，ここでも「何がこのバウム画を描かせ
たのか」という視点を持つことが重要です。観察よりも，絵が出現したプロセス
を心理力動的に把握することの方が真実に迫れると思います。

Q7　自分描画法3部作

　自分描画法3部作は，それぞれどのような特色を持っていますか？

A 自分描画法3部作とは，『思いの理論と対話療法』（誠信書房），『自分描画法の基礎と臨床』（遠見書房），そして本書『自分描画法マニュアル』（遠見書房）の3冊をいいます。心理療法は心理臨床現場で得られた資料に基づき構成された理論仮説と，数量的データを加えた基礎研究から得られた知見，そして実践のための手引きとなる「実践マニュアル」から成り立つとすると，理論は『思いの理論と対話療法』，基礎研究は『自分描画法の基礎と臨床』，そして実践マニュアルは『自分描画法マニュアル』となります。リハビリテーション臨床における患者さんとのやり取りから始まった自分描画法研究は，その後，スクールカウンセリング実践において利用され，医療と教育現場での有効性・有用性の確証作業が続けられました。どんな心理療法も有用性と限界性をもっています。自分描画法も然りです。自分描画法は個人の開発によるものであり，見落としや誤りも随所にあるかもしれません。しかし日本文化を背景とした"思い"は，日本文化に親しみを持つ人にとっては，馴染み深い心理療法と言えるでしょう。これからも，長い時間をかけての検証作業が続きます。

あとがき

　本書は日本学術振興会科学研究費（研究課題『自分描画法〈SPM〉マニュアル作成─評価基準の策定』2018 年度〜 2020 年度, 基盤研究 C, 課題番号 18K03108）による研究成果です。日本独特の《察する文化》, つまり「それと知る心の営み」を背景に, " 思い " という心の領域に焦点をあてた独自の心理臨床研究です。研究にあたっては, 前著『自分描画法の基礎と臨床』（遠見書房）と同様に, 今回も多数の方々の協力を得ました。あらためて感謝いたします。

　本書では自分描画法を動画でもお伝えするために新たに DVD を作成し, 付録として添付しました。40 分程度の動画ですが, 自分描画法の概要を把握することができます。ぜひご覧ください。なお DVD 作成にあたっては, 映像編集では株式会社ポストメディア（札幌）代表 新藤正規さん, そしてラジオパーソナリティで朗読家の徳留璃沙さんにナレーターを担当していただきました。この場で厚くお礼申し上げます。

　私事で恐縮ですが, 近く古希を迎えます。体力や理解力には少々自信があっても, 仕事に出かけるときに車の鍵を持って出るのを忘れる, マスク着用を忘れる, 人の名前がぱっと出てこないといった日常生活上の物忘れは, 私にとってもわりと身近な出来事となりました。物忘れをただ放任または否定・拒絶したりすると, 自分という存在から自分自身が離れていくような, 空洞化の感覚に襲われます。高齢者の増加で認知症に脚光があたっていますが, 本当に記憶が薄れていっているのか,「忘れたいという思い」が記憶を押しとどめているというようなことがありやしないか, 記憶すること自体を労働だと感じていないか, 記憶すること自体をあきらめてはいないかなどに焦点をあてることも重要だと筆者は感じています。

　自分描画法は, そういう " 自分 " を保持し続けていくために適度な心理療法だと言えるかもしれません。自分描画法の手順に沿って, 絵日記風に日々の中で起こった出来事を描き続けていくと, " 自分 " はいつまでも " 自分 " という存在の中にいてくれるような気がします。

　本書出版にあたっては，前著『自分描画法の基礎と臨床』に引き続き，遠見書
房社長，山内俊介さんのお世話になりました。重ねてお礼申し上げます。
　本書が"自分"という存在に関心がある人の生き方に，何かしらの明かりを灯^{とも}
してくれるのであれば，ほんとうに嬉しいことです。

小山　充道

引用文献

愛原由子（1987）子どもの潜在能力を知るバウム・テストの秘密．青春出版社，pp.17.

天井陸三・佐藤亘宏（1947）配色の美　服色　美装　色彩．大日本雄辯会講談社，pp.54-55.

大井義雄・川崎秀昭著（財団法人日本色彩研究所監修）（1996）色彩．日本色研事業株式会社，pp.37-41.

岡田康伸（1993）箱庭療法の展開．誠信書房．

小山充道（1989）エリスとロジャーズとの比較（「日本学生相談学会編／今村義正・国分康孝責任編集「論理療法にまなぶ」所収）．川島書店，pp.186-189.

小山充道（2002）思いの理論と対話療法．誠信書房．

小山充道編著（2008）必携臨床心理アセスメント．金剛出版，pp.488-494.

小山充道（2016）自分描画法の基礎と臨床．遠見書房．

小山充道（2019）自分描画法（SPM）の利用法に関する研究．日本心理臨床学会第38回大会［日本心理臨床学会第38回大会発表論文集，p.255.］.

小山充道（2020a）健康増進教室に通う高齢者の心理学的分析．日本心理学会第84回大会（WEB開催）．

小山充道（2020b）自分描画法（SPM）による高齢者の生きがいに関する分析．日本心理臨床学会第39回大会（WEB開催）．

佐藤亘宏（1950）私たちの生活と配色．講談社，pp.132, 238-239.

高橋貞子編著（1978）ピンパラリン姫（「まわりまわりのめんどすこ―続・岩泉の昔ばなし」所収）．熊谷印刷出版部，pp.157-161.

高橋雅春・高橋依子（1986）樹木画テスト．文教書院．

塚田敢（1978）色彩の美学．紀伊國屋書店，pp.5-76.

陶淵明（松枝茂夫・和田武司訳注；1990）「桃花源記」陶淵明全集（下）所収．岩波文庫，pp.152-162.

南木佳士（2002）阿弥陀堂だより．文春文庫．

西川好夫（1954）色彩の心理．法政大学出版局，p.150.

野村順一（2005）色の秘密―最新色彩学入門．文春文庫，pp.84-105.

林勝造・一谷彊編著（1973）バウムテストの臨床的研究．日本文化科学社，p.30.

東山明・東山直美（1983）子どもの絵―成長をみつめて．保育社．

東山紘久（2002）スクールカウンセリング．創元社．

福澤一吉（2010）論理的に説明する技術，SBクリエイティブ，pp44-45.

藤原勝紀（2020）心理臨床を生き抜くこと（岡田康伸監修／菅佐和子編「たましいの心理臨床―こころの水脈をたどって」．木立の文庫，pp.1-7.）

松岡武（1995）決定版　色彩とパーソナリティ．金子書房，pp.90-114.

山中康裕・角野義宏・皆藤章編（2005）バウムの心理臨床（京大心理臨床シリーズ）．創元社．

Bolander, K. (1977) Assessing Personality through Tree Drawing. Basic Books. (高橋依子訳 (1999) 樹木画によるパーソナリティの理解. ナカニシヤ書店.)

Buck, J. N. (1948) The H-T-P Technique — A qualitative and quantitative scoring manual. Journal of Clinical Psychology, Monograph Supplement No.5, Brandon, Vermont. (加藤孝正・荻野恒一訳 (1982) HTP診断法. 新曜社.)

Descarte (1637) Discours De La MÈTHODE. (落合太郎訳 (1953) 方法序説. 岩波文庫, pp.45.)

Erikson, E. H. (1963) Childhood and Society. Second Edition. W. W. Norton and Company. Inc. (仁科弥生訳 (1977 [1巻], 1980 [2巻]) 幼児期と社会. みすず書房.)

Erikson, E. H. (1959) Psychological Issues. Identity and the Life Cycle. Charles E. Tuttle. pp.247-274. (小此木啓吾訳編 (1973) 自我同一性. 誠信書房, pp.79, 101-103.)

Erikson, E. H. (1968) Identity-Youth and Crisis. W. W. Norton and Company, pp.91-141.

Erikson, E. H., Erikson, J. M. & Kivnick, H. Q. (1986) Vital Involvement in Old Age. W. W. Norton & Company. (朝長正徳・朝長利枝子訳 (1990) 老年期. みすず書房. pp.57-76.)

Goethe, J. W. (1808 /高橋義人編訳, 前田富士男訳, 1982) ゲーテ自然と象徴. 冨山房百科文庫, pp.254-257, 282.

Goldstein, K. (1934) DER AUBAU DES ORGANISMUS. Martinus Nijhoff, Haag, Neiheflard. (村上仁・黒丸正四郎訳 (1957) 生体の機能. みすず書房.)

Goodenough, F. L. & Tyler, L. E. (1934) Developmental Psychology. Appleton-Century-Crofts, pp.264.

Husser, E. G. A. (1925-1928 /田原八郎編訳, 1980) ブリタニカ草稿—現象学入門. せりか書房, pp.18-21, 81-85.

Husser, E. G. A. (1958 /長谷川宏訳, 1997) フッサール現象学の理念. 作品社, pp.43-82.

Jaffé/, A. (ed.) (1979) C. G. Jung Word and Image. Bollingen Series XCV II. Princeton University Press, p.117. (氏原寛訳 (1995) ユング：そのイメージとことば. 誠信書房, pp.117.)

James, W. (1890) The Principles of Psychology. Dover Publication, pp.224-248.

James, W. (1891) Textbook of Psychology. (今田恵訳 (1939) 心理学 (上巻). 岩波文庫, pp.188-198.)

Jung, C. G. (秋山さと子編訳・野村美紀子訳 (1980) ユングの人間論. 思索社.) *Jung執筆の1948, 1950, 1951年論文の翻訳をまとめた一冊

Jung. C. G. (1954) Der philosophische Baum. In Studien über alchemistische Vorstellungen. Gesammelte Werke 13. (Erstpublikation 1945, überarbeitet 1954). (老松克博監訳, 工藤昌孝訳 (2009) 哲学の木. 創元社.)

Jung, C. G.:「錬金術研究」IV　精霊－メルクリウス．https://web.kyoto-inet.or.jp/people/tiakio/alchemy/ptree/mercurius1.html（2021.2.19 閲覧）

Kellogg, R.（1969）Analyzing children's art. National Press Books,（深田尚彦訳（1998）児童画の発達仮定―なぐり描きからピクチュアへ．黎明書房, pp.133-142.）

Koch, K.（1957）Der Baumtest: Der Baumzeichenversuch als psychodiagnostisches Hilfsmittel3. Auflage. Verlag Hans Huber, Bern.（岸本寛史・中島ナオミ・宮崎忠男訳（2010）バウムテスト第 3 版―心理的見立ての補助手段としてのバウム画研究．誠信書房, pp.19-39.）

Lowenfeld, V.（1954）Your Child and Art. The Macmillan Company.（勝見勝訳（1956）子どもの絵―両親と先生への手引．白揚社.）

Sutich, A. J. & Vich, M. A.（eds.）（1969）Readings in Humanistic Psychology. Charles E. Tuttle.（村山正治訳（1977）カール・ロジャーズ　人間科学をめざして．小口忠彦編訳（1977）人間性の探求．産業能率短期大学出版部, pp.1-40.）

Rogers, C. R.（1942）Counseling and Psychotherapy. Houghton Mifflin Company. pp.259-437.（末武康弘・保坂亨・諸富祥彦共訳（2005）カウンセリングと心理療法．岩崎学術出版社, pp.235-401.）

Taciti, C.（97-98）De Germania Liber.（泉井久之助訳注（1979）タキトゥス　ゲルマーニア．岩波文庫, pp.37, 59-61, 235.）

索　引

付　　録

自分描画法（Self-Portrait Method；SPM）記録用紙（第3版）

自分描画法（Self-Portrait Method；SPM）記録用紙（第3版）

対象者	名前：		性別：（男・女）	年齢：	年　月　日生（満　歳　月）
	所属：		実施日　年　月　日	実施時間　：　～　：　（計　時間　分）	
	家族構成：				
実施者：			その他：		

SPM 開始および展開状況：

描画順序	内容	SPM 描画（図示）
ステップ Ⅰ 「自分」		
ステップ Ⅱ 「気になる人、物、出来事」		
ステップ Ⅲ 「背景」		
ステップ Ⅳ 「隠れているもの」		
ステップ Ⅴ 「物語と題名」	① 物語： ② 題名：	
ステップⅥ 「振り返り」		

【SPM に関する描画状況 - 自分描画をどのように描いたか】

【描画時の行動 - 描画時の心身の動き】

```
┌─────────────────────────────────────────────────────┐
│ ┌─────────────┐        ［バウムテスト所見］            │
│ │             │                                        │
│ │             │                                        │
│ │             │                                        │
│ │             │                                        │
│ └─────────────┘                                        │
│  バウムテスト結果（図示）                                │
├─────────────────────────────────────────────────────┤
│ ＊心理的見立て＊                                        │
│ ［1］　事実の分析                                       │
│ ①　描画者が自発的に話した内容（心理的事実）             │
│                                                        │
│ ②　実施者が気づいたことを、描画者に尋ねた結果得られた内容（応答的事実）│
│                                                        │
│ ③　描画者が何かに気づき、独り言のように話した内容（独語的事実）│
│                                                        │
│ ④　描画者に関する動かぬ事実（実在的・身体的事実）        │
│                                                        │
│ ⑤　第 3 者が描画者に付与した諸事象（社会的事実）         │
├─────────────────────────────────────────────────────┤
│ ［2］　思いの分析（葛藤内容の分析を含む）                 │
│                                                        │
│                                                        │
├─────────────────────────────────────────────────────┤
│ ［3］　発達・病理的視点（描画内容に顕著な特徴がある場合）   │
│ ①　特徴                                                │
│                                                        │
│ ②　見立て                                              │
├─────────────────────────────────────────────────────┤
│ ［5］　総合的見立て                                     │
│                                                        │
│                                                        │
└─────────────────────────────────────────────────────┘
```

（作成：自分描画法研究会）

この記録用紙は，小社のウェブサイトよりダウンロードが可能です。https://tomishobo.com/catalog/ca137.html

本書添付の DVD について

　本書に添付の DVD は，自分描画法の基本から実際のアセスメントまでをコンパクトに紹介をしたものです。本書と合わせてご覧いただければ，よりよく理解できると思います。時間は約 40 分です。

　PC で閲覧する場合，自動でスタートしますが，映像が始まらないときは，DVD のフォルダを開いて，なかにある「VTS_01_1.VOB」というファイルをクリックすれば映像が始まります。

「自分描画法マニュアル─自分の"思い"を映し出す心理療法」

企画・監修　小山充道

制作　自分描画法研究会

　本 DVD の視聴は，著作権法上許容されている個人の利用に限ります。また大学等の授業や図書館での視聴での利用も許可しています。その他，上映や配信等の許諾については，遠見書房までお問い合わせください（tomi@tomishobo.com）。

著者略歴

小山充道（こやま・みつと）
1952年3月生まれ。臨床心理学専攻
1983年3月　北海道大学大学院教育学研究科博士後期課程単位取得退学
教育学博士（北海道大学；1990年），臨床心理士（1989年1月登録）
公益財団法人臨床心理士資格認定協会理事
職歴：信州大学教授，名寄市立大学教授などを経て，現在，北海道千歳リハビリテーション大学
　　教授（保健管理センター内"ほっとルーム"カウンセラー兼任）。
著書：単編著として，『脳障害者の心理臨床』『病の心理学』『失語症・回復への声：編著』（以
　　上，学苑社），『脳障害者の心理療法』（北海道大学図書刊行会），『思いの理論と対話療法』
　　（誠信書房），『学校における思春期・青年期の心理面接』『必携 臨床心理アセスメント（編
　　著）』（以上，金剛出版），『自分描画法の基礎と臨床』（遠見書房）
　　共著として，『心理臨床大事典』（培風館），『行動科学（系統看護学講座基礎分野）』（医学書
　　院），『家族と福祉領域の心理臨床』（金子書房），『臨床心理学全書第13巻　病院臨床心理
　　学』（誠信書房），『臨床心理検査バッテリーの実際』（遠見書房）ほか多数。

自分描画法マニュアル
　　　――臨床心理アセスメントと思いの理論

2022年2月25日　第1刷

著　　者　小山充道
発 行 人　山内俊介
発 行 所　遠見書房

〒181-0002 東京都三鷹市牟礼 6-24-12
三鷹ナショナルコート 004
TEL 0422-26-6711　FAX 050-3488-3894
tomi@tomishobo.com　http://tomishobo.com
遠見書房の書店　https://tomishobo.stores.jp

印刷・製本　モリモト印刷

ISBN978-4-86616-137-2　C3011

※心と社会の学術出版　遠見書房の本※

遠見書房

自分描画法の基礎と臨床
小山充道著

幼児から高齢者まで2千人を超える人々に描いてもらった自画像研究から生まれた自分描画法。この研究から活用までの全貌がこの1冊にまとまった。自分への振り返りを短時間に，抵抗も少なく深められる特性がある。5,060円，A5並

臨床心理検査バッテリーの実際
高橋依子・津川律子編著

乳幼児期から高齢期まで発達に沿った適切なテストバッテリーの考え方・組み方を多彩な事例を挙げて解説。質問紙，投映法など多種多様な心理検査を網羅し，フィードバックの考え方と実際も詳しく述べる。3,080円，A5並

絵画療法の実践
事例を通してみる橋渡し機能
寺沢英理子著

風景構成法や自由画などの絵画療法と言語療法を用いた10人のクライエント，100点を越える描画を所収（カラー図版あり）。オリジナリティ溢れる絵画療法の世界。3,300円，A5上製

心理学者に聞く
みんなが笑顔になる認知症の話
正しい知識から予防・対応まで
竹田伸也著

本人・家族・支援者のために書かれた高齢者臨床を実践し介護にも関わる心理学者ならではの，予防と対応のヒント集です。1,540円，四六並

老いのこころと寄り添うこころ　改訂版
介護職・対人援助職のための心理学
山口智子編

高齢者本人と取り巻く家族，援助職などの問題や葛藤などをまとめた高齢者心理学入門書が堂々改訂。認知症だけでなく，生涯発達や喪失，生と死の問題等も心理学の視点で解説した。2,860円，A5並

香月泰男　黒の創造
シベリアを描き続けた画家　制作活動と作品の深層
山　愛美著

画家 香月は抑留生活を送り，帰国後57点の『シベリヤ・シリーズ』を残した。画家にとって生きるとは何だったのか。生涯を追い，作品の深層に迫る。〈遠見こころライブラリー〉2,860円，四六並

治療者としてのあり方をめぐって
土居健郎が語る心の臨床家像
土居健郎・小倉　清著

土居健郎と，その弟子であり児童精神医学の大家 小倉による魅力に満ちた対談集。精神医学が生きる道はどこなのか？〈遠見こころライブラリー〉のために復刊。2,200円，四六並

武術家，身・心・霊を行ず
ユング心理学からみた極限体験・殺傷の中の救済
老松克博著

武術家として高名な老師範から，数十年にわたる修行の過程を克明に綴った記録を託された深層心理学者。その神秘の行体験をどう読み解き，そこに何を見るのか。1,980円，四六並

公認心理師の基礎と実践　全23巻
野島一彦・繁桝算男 監修

公認心理師養成カリキュラム23単位のコンセプトを醸成したテキスト・シリーズ。本邦心理学界の最高の研究者・実践家が執筆。①公認心理師の職責〜㉓関係行政論 まで心理職に必須の知識が身に着く。各2,200円〜3,080円，A5並

〈フィールドワーク〉
小児がん病棟の子どもたち
医療人類学とナラティヴの視点から
（山梨英和大学教授）田代　順著

小児がん病棟の患児らを中心に，語りと行動を記録したフィールドワーク。ナラティヴ論と，グリーフワークの章を加えた増補版。2,420円，四六並

価格は税込です

※心と社会の学術出版　遠見書房の本※

遠見書房

患者と医療者の退院支援実践ノート
生き様を大切にするためにチームがすること・できること
（退院支援研究会・医師）本間　毅著
入院患者が自宅に戻るときに行われる医療，介護，福祉などを駆使したサポートである退院支援。本書はその実際を熱く刺激的に描く。2,640 円，四六並

ひきこもりの理解と支援
孤立する個人・家族をいかにサポートするか
高塚雄介編
医療機関，民間の支援機関，家族会等でひきこもり支援に関わってきた執筆者らが，ひきこもりとその支援を考えたものである。支援者がぶつかる壁を乗り越えるための一冊。2,860 円，A5 並

もっと臨床がうまくなりたい
ふつうの精神科医がシステズアプローチと解決志向ブリーフセラピーを学ぶ
宋　大光・東　豊・黒沢幸子著
児童精神科医は，面接の腕をあげようと心理療法家 東と黒沢の教えを受けることに。達人の考え方とケース検討を通して面接のコツを伝授！ 3,080 円，四六並

混合研究法の手引き
トレジャーハントで学ぶ
研究デザインから論文の書き方まで
マイク・フェターズ／抱井尚子編
優れた研究論文を 10 のポイントを押さえて読み解くことで，混合研究法を行うためのノウハウがよく分かる。宝探し感覚で学べる入門書。2,860 円，B5 並

文化・芸術の精神分析
祖父江典人・細澤　仁編
本書は，人間を人間たらしめる文化・芸術に精神分析の立場から迫ったもので，北山修をはじめ多くの臨床家が原稿を寄せた。映画や文学，音楽，美術から，フロイトの骨とう品集まで，精神分析の世界を拡張する。3,300 円，A5 並

サイコセラピーは統合を希求する
生活の場という舞台での対人サービス
（帝京大学教授）元永拓郎著
著者の実践的臨床論。「密室」だけではなくなった心理臨床で，セラピストが目指すべきサイコセラピーのあり方を「統合」に見出す。心理療法／心理支援のあり方を問う必書。3,080 円，A5 並

超かんたん 自分でできる
人生の流れを変えるちょっと不思議なサイコセラピー──Ｐ循環の理論と方法
（龍谷大学教授）東　豊著
心理カウンセラーとして 40 年以上の経験を持つ東先生が書いた，世界一かんたんな自分でできるサイコセラピー（心理療法）の本。1,870 円，四六並

法律家必携！ イライラ多めの依頼者・相談者とのコミュニケーション
「プラスに転じる」高葛藤のお客様への対応マニュアル
土井浩之・大久保さやか編／若島孔文監修
法律相談にくる依頼者はストレス MAX。そんな「高葛藤」の依頼者との付き合い方をベテラン弁護士と心理師，精神科医が伝授。1,980 円，A5 並

一人で学べる認知療法・マインドフルネス・潜在的価値抽出法ワークブック
生きづらさから豊かさをつむぎだす作法
（鳥取大学医学部教授）竹田伸也著
認知行動療法のさまざまな技法をもとに生きづらさから豊かさをつむぎだすことを目指したワークを楽しくわかりやすく一人で学べる 1 冊。1,320 円，B5 並

『認知療法・マインドフルネス・潜在的価値抽出法ワークブック』セラピスト・マニュアル
行動分析から次世代型認知行動療法までを臨床に生かす
（鳥取大学医学部教授）竹田伸也著
第一世代から第三世代の認知行動療法を独習可能で使いやすくした『ワークブック』の特徴，理論，ポイントなどを専門家向けに書いた本です。1,980 円，四六並

価格は税込です